4.0시대
셀프리더십
심리코칭

셀프리더십 심리코칭

개정판

정윤진 지음

SELF LEADERSHIP COACHING PSYCHOLOGY

★★★★★

개인과 조직이 다시 일어서는 힘!

행복한 변화와 성장의 시작 셀프리더십!

좋은땅

프롤로그

4.0시대를 살아가는 우리들은 급속하게 변화하는 세상을 마주하고 있다.

인공지능의 물결, 기후와 환경의 변화, 코로나19를 통해 급격하게 변화하는 환경의 소용돌이 가운데 있다.

그러나 분명한 것은 우리가 어떤 상황가운데 서있든 주어진 환경에서 어떤 관점으로 바라보며 어떻게 해석할 것인지 무엇을 준비하며 어떤 태도를 취할지는 우리 자신이 선택할 수 있다.

셀프리더십은 우리 자신에게 영향력을 행사하는 리더십이다. 건물의 기초공사처럼 자신의 내면의 사고와 감정을 건강하게 조절하여 튼튼한 기초공사위에 건물이 세워지듯 건강한 셀프리더십의 근육을 만들고 그 기반위에 개인과 조직에 긍정적인 영향력을 행사 할 수 있도록 툴을 제공하고자 한다.

저자는 이 책을 통하여 독자들이 자신의 자존감을 격려하고 강점과 가능성에 초점을 맞추며 자신만의 행복을 만들어 가며 어떤 환경에서도 다시일어서는 자신답게 살아갈 수 있는 용기와 긍정의 근육을 키울 수 있길 응원한다.

또한 자신의 코치가 되어 자신의 내면에 잠재력을 개발하고 비전과 목표를 성취하고 자신을 스스로 코칭 할 수 있는 셀프코치로 성장할 수 있는 툴을 제공하여 이러한 개인의 성장이 가정과 조직의 성장을 촉진하는 코치형리더로 영향력을 발휘하고 역량이 확장될 수 있기를 기대한다.

이 책을 통하여 개인과 조직이 4.0시대를 이길 수 있는 긍정적인 마인드를 고취하고 자신을 격려하며 자신만의 강점과 스타일로 퍼스널 브랜드를 구축하고 변화하고 성장하는 행복한 개인과 조직이 될 수 있도록 조력하고자 한다.

개인과 조직이 다시 일어나는 힘 !
행복한 변화와 성장의 시작은 셀프리더십을 발휘하는 삶이다.

2020년 8월
정윤진

목차 CONTENTS

제3장
셀프리더의 심리코칭 훈련

제4장
셀프리더의 성장코칭 훈련

제5장
셀프리더의 소통 코칭 훈련

4.0시대 셀프리더십 심리코칭

SELF LEADERSHIP COACHING PSYCHOLOGY

1.
왜 셀프리더십인가?

인생을 살아가면서 리더십이란 단어를 수없이 접해왔지만 우리 자신과는 먼 이야기처럼 생각할 수 있다.

수많은 리더십의 이론들을 기반으로 리더십을 한마디로 정의한다면 리더십은 '영향력'이라고 말할 수 있다.

우리가 누군가 단 한 사람에게라도 영향력을 주고 있다면 우리는 이미 리더이며, 우리 자신 스스로에게 영향력을 주고 있는 우리는 셀프리더이다.

우리 각자가 부모이든, 직장인이든, 학생이든, 어떤 상태에 있든, 우리는 이미 사회라는 관계 속에서 누군가와 영향력을 주고받으며 살아가고 있다.

또한 더욱 중요한 사실은 긍정적이든 부정적이든 자기 자신에게 영향력을 행사하며 스스로 이끌어 지금 이 순간 자신의 모습으로 살아가고 있다.

우리는 자신에게 어떠한 영향력을 주고 있는가?
그동안 우리의 삶을 이끌어 온 리더는 누구였는가?
우리 각자에게 주어진 소중한 인생을 어떻게 리딩해 왔는가?
이제 셀프리더십을 발휘하여 우리의 삶을 행복하고 성장하는 삶으로 셀프리딩 해 보자.

리더십이 타인에게 영향력을 행사하는 것이라면, 셀프리더십은 자신 스스로에게 영향력을 행사하는 것이며 모든 리더십의 기초이며 기반이다.

주변을 둘러보면 성공을 추구하고 성공을 향해 달려가지만 정작 자신을 관리하며 통제하고 자신의 내적 세상을 다스리는 셀프리더십의 부재로 의미 있고 소중한 것들을 잃어버리는 안타까운 상황을 접하기도 한다.

또한 4.0시대 AI 인공지능의 물결과 코로나 19로 찾아온 팬데믹 시대의 환경속에서 불안해하고 좌절을 경험하고 있다.

우리가 어떤 모습으로 어떤 환경 안에서 살아가든 우리는 먼저 상황과 환경속에 대처하는 우리 자신을 다스리며 자신에게 리더십을 발휘할 수 있는 셀프리더로 훈련되어야 한다.

  셀프리더십은 스스로 자신의 리더가 되어 자신의 생각과 태도, 행동에 긍정적인 영향력을 발휘하며, 잠재된 능력들을 발견하고 목표를 설정하고 동기를 부여하여 주도적으로 자신을 이끌어 가는 리더십이다.

  이처럼 스스로 자신의 삶을 주도적으로 이끌어 갈 수 있는 실행력 있는 셀프리더는 타인과 자기가 속한 조직에도 아름다운 영향력을 줄 수 있는 진정한 리더로 성장해 나갈 수 있다.

2.
4.0시대를 이기는 셀프리더십

4.0시대 변화의 소용돌이 안에서 우리는 어떻게 이 변화의 급 물살을 이겨내고 살아남을 수 있을까?

포스트 코로나 시대에 우리가 다시 일어서기 위해 새롭게 준비해야 하는 것은 무엇일까?

인공지능 AI, 초연결성사회, 빅 데이터, 사물인터넷 세상이 우리에게 급격히 다가왔고 시대의 변화와 함께 기후변화와 자연생태계의 변화, 생각지도 못했던 코로나19, 팬데믹 현상까지 급격하게 우리의 삶의 상황들이 변화되고 있다.

포스트 코로나라는 뜻은 코로나 19 극복이후 다가올 새로운 상황 시대를 의미하는 말이다.

인간이 인공지능과 함께 일하는 세상, 온라인을 통해 비즈니스 시대를 열어가는 온택트 시대가 급 물살을 타듯 성큼 우리 앞에 와 있다.

혼돈과 불안 예측할 수 없이 변화하는 시대에 속도를 맞추기 위해 우리에게 진정으로 필요한 것은 무엇일까?

앞으로 우리에게 다가올 예측 할 수 없는 상황과 환경에 대응하기 위해 먼저 준비되어야 하는 것은 무엇일까?

눈 앞에 닥친 상황은 우리가 당장 바꿀 수 없지만 그 상황을 준비하며 대처하는 우리 자신의 태도는 우리의 선택으로 바꾸고 변화시킬 수 있다.

그 상황을 선택하고 자신의 삶에서 어떤 태도를 취할지를 결정하는 것은 전적으로 우리 자신의 몫이다.

무작정 소용돌이에 휘말리는 것이 아니라 우리 자신의 선택과 집중으로 빠르게 변화하는 4.0시대에 우리 자신을 지키며 나 다운 나로 행복한 삶을 만들어 갈 수 있으며 4.0시대를 이기는 행복의 키워드는 바로 우리 자신의 '마음과 정신'에서 시작된다.

무한한 잠재력과 가능성의 보물창고인 우리의 마음과 정신!

우리가 어느 시대를 살아가든 어떤 환경속에서도 인간의 행복은 우리 스스로 선택하며 만들어 갈 수 있다.

긍정적인 마인드, 위기를 극복하는 용기, 다시 일어서는 힘도 우리의 마음 안에서 시작된다.

이러한 마음의 주인공은 우리 각자 자신이며 긍정적인 마인드로 자신의 내면에서 잠재력과 가능성을 이끌어 내며 자신만의 강점에 초점을 맞추며 나다운 나로 성장해 나갈 수 있다.

이제 우리는 자신만의 독특한 고유성을 지키면서 유연성 있는 사고로 변화를 수용할 수 있는 균형 있고 통합된 자기만의 퍼스널 브랜드를 만들며 나다운 나로 살아갈 수 있는 건강한 힘을 만들며 행복한 삶을 만들어 갈 수 있다.

4.0시대에 이러한 가치를 발견하고 개인과 조직이 행복과 비전을 디자인하며 변화와 성장의 삶으로 만들어 갈 수 있고, 그 시작의 출발점은 셀프리더십을 발휘하는 삶이다.

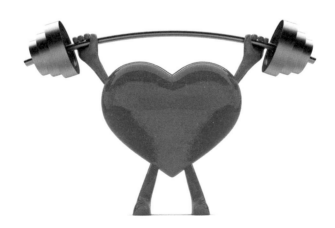

3.
셀프리더십 심리코칭이란?

◆ 셀프리더십 심리코칭이란?

　일반적인 코칭은 개인과 조직의 잠재력 개발, 변화와 성장, 행복을 위한 스토리머 시스템이다.

　코칭은 개인이 현재 지점에서 원하는 목표지점까지 도달하도록 돕는 프로세스이며, 개인이 가지고 있는 무한한 잠재력과 가능성을 발견하여 행복하고 성장하는 삶을 살아가도록 지지하며 조력하는 과정이다.

　코칭에서 코칭 대화가 일반 대화와 다른 점은 철저한 코칭 철학을 기반으로 구조가 있는 코칭 대화모델을 적용하여 성장을 촉진하며 대화를 이끌어 간다는 점이다.

　이런 대화의 프로세스 과정에서 경청과 질문, 지지와 격려, 인정, 칭찬과 같은 진정성 있는 코칭 기술로 개인의 잠재력과 가능성을 극대화 하여 변화와 성장을 이루도록 돕는 파트너십이 코칭이다.

셀프리더십 심리코칭은 스스로 자신의 코치가 되어 자신의 마음을 코칭하는 것이다.

자신과 친밀한 래포를 형성하고, 자신이 가진 잠재력과 가능성을 발견해 나가며, 원하는 욕구를 경청하고 스스로 질문을 통하여 생각을 확장 시키며 원하는 것을 찾아가도록 자신의 마음을 코칭하는 과정이다.

스스로 변화와 성장에 대한 책임을 갖고 목표를 설정하고 자기 인식과 자각을 통해 목표를 성취할 대안을 마련하며 자신에 대한 지지와 격려, 인정, 메시징과 같은 긍정적인 동기부여로 스스로를 훈련해 가는 과정이다.

◆ 셀프리더십을 발휘하는 삶이란?

Deci & Ryan(1995) 자기결정성 이론에 따르면, 인간은 자율성 안에서 스스로 책임감을 가질 때 성취감도 높고 열정적인 몰입과 노력으로 더 효과적으로 목표를 수행할 수 있다고 본다.

셀프리더십을 발휘하는 셀프리더는 삶에 대한 책임을 갖고 자신의 삶을 방치하거나 포기하지 않으며 타인과 세상의 영향에 자신을 내어 주지 않고 어떤 상황 속에서도 자신의 삶을 더 나은 선택으로 만들어 간다.

셀프리더십을 발휘하는 삶은 열정과 몰입으로 장애물을 극복하고 자신의 삶을 디자인하는 과정이며 이렇 듯 셀프리더십을 발휘하는 과정에서 좋은 출발점은 먼저 자기 자신을 인식하고 이해 하는 것이다.
자기를 관찰하는 두 가지 개념의 질문에 대해 생각해 보자.

첫 번째,
'나 자신은 누구인가?'라는 질문 앞에서 우리는 자신을 명료화 할 수 있는가?
내가 살아가는 의미와 이유, 삶의 방향, 나를 표현해 주는 가치, 내가 가지고 있는 자원들, 나의 강점들
우리는 이 질문들에 스스로 답할 수 있는가?
우리 자신을 표현할 수 있는가?

두 번째,
자신의 사고패턴을 인식하고 있는가?
자신의 감정패턴을 인식하고 있는가?
자신의 행동패턴을 인식하고 있는가?
셀프리더십을 발휘하는 삶은 자신의 정체성을 더욱 선명하게 발현시키며 자신의 삶의 방향과 가치를 점검하고 자원과 잠재력을 개발해

나가며 목적한 삶을 이루어가는 것이다.

자기 대화를 통해 무엇을 원하는지 자신의 욕구에 관심을 기울이며 또한 자신의 사고패턴, 감정패턴, 행동패턴을 인식하고 자신의 패턴을 변화시킬 힘을 스스로 키워 나가는 과정이다.

이런 과정 속에서 좀 더 성숙한 삶으로 변화와 성장을 거듭하고 삶의 목적을 견고히 하고 목적한 삶을 향하여 열정과 용기를 가지고 자신을 격려하며 자신이 원하는 삶을 성취하도록 훈련해 가는 과정이 셀프리더십을 발휘하는 삶이다.

4.
코칭 이해하기

◆ 코칭 정의

코칭의 어원은 1500년대 초기 헝가리 도시 코치(Kocs)에서 현재 있는 지점에서 고객이 원하는 지점까지 데려다 주는 네 마리의 말이 끄는 마차에서 유래 되었다.

이후 1880년경부터 스포츠에 적용되었고 1995년 국제 코치 연맹이 설립되면서 전세계로 확산되었고 2000년 이후부터 한국에 본격적으로 도입되어 현재는 개인과 조직 등 다양한 부분에서 코칭 역량의 필요성이 대두 되고 있다.

코칭은 건강하고 행복한 삶 개인과 조직의 잠재력 개발과 변화와 성장을 추구한다.

또한 코칭은 고객이 원하는 목표지점에 도달하도록 지원하는 과정이며 코치와 고객이 함께 성장하는 파트너십이다.

코칭 관련 기관에서 정의하는 코칭의 정의를 통해 코칭의 추구하는 방향성을 이해할 수 있다.

코칭 관련 기관	정의[1]
국제코치연맹 (ICF)	고객의 개인적 전문적 잠재력을 불어넣고 고객이 당면한 주제에 대해 진지하게 생각을 불러 일으키게 하는 창의적인 프로세스와 함께 고객의 파트너 역할을 하는 것.
한국코치협회 (KCA)	코칭은 개인과 조직의 잠재력을 극대화하여 최상의 가치를 실현할 수 있도록 돕는 수평적인 파트너 십이다.
학국 코칭학회 (KCL)	코칭은 고객과 조직의 변화와 발전을 지원하여 개인의 삶을 주도적으로 이끌고 조직의 목표를 실현하도록 지지하는 과정이다.

◆ 코칭 철학

코칭의 철학은 코칭을 하는 코치의 마음가짐 사고방식 또는 관점이라고 표현할 수 있다.

어떤 프레임 안에서 해석하고 바라 보느냐에 따라 달라 보이듯 코칭은 코칭 철학이라는 프레임에서 시작한다.

3가지 코칭 철학은 코칭의 전문분야에서 보편적이고 공통적으로 적용되고 있다. 코칭 철학이라는 안경을 쓰고 주위 사람들을 바라본다

---

1) 도미향회 3명, 코칭학개론, 석정, 2014.

면 어떻게 다르게 보일까 생각해보자.

1. 인간은 무한한 가능성의 존재이다.
2. 그 사람에게 필요한 해답은 그 사람 내부에 있다.
3. 해답을 찾기 위해서는 파트너가 필요하다.

— 에노모토 히데타케

◆ 코칭과 유사한 영역들[2]

코칭이 상담이나 멘토링 컨설팅과 다른 이유는 철저한 코칭 철학과 윤리에 기반하여 코칭 대화를 이끌어 가며 구조가 있는 대화로 코칭에 대화 모델을 적용하고 코칭에서 고객은 스스로 답을 찾아 갈 수 있는 전문가라는 것을 신뢰하는 사고방식에서 출발한다.

또한 스스로 목표를 설정하고 자신의 잠재력을 맘껏 발휘하며 자신이 원하는 목표지점에 도달하도록 코치는 지지하고 조력하며 코칭이 추구하는 코치다운 태도와 기술을 적용하며 고객과 함께 춤추듯 매순간 고객과 연결되어 동반자로서 함께 목표지점에 도달하도록 돕는 파트너십이다.

---

2) 도미향회 3명, 코칭학개론, 석정, 2014.

상담	코칭
부정심리학	긍정심리학
병리와 문제에 초점	긍정자원과 성장에 초점
과거의 문제와 원인, 치유와 회복에 초점	현재와 미래, 실행력을 통한 변화와 성장에 초점
상담사가 전문가	고객, 또는 피코치가 전문가

멘토링	컨설팅
지식전수 대상	문제해결 정보제공
멘티는 멘토를 관찰하며 배우고 멘토는 멘티에게 시범을 보이고 지식 전수	상황을 평가, 해결책 제시
현재에 초점	과거와 현재에 초점
멘토가 전문가	컨설턴트가 전문가

도표와 같이 상담, 컨설팅, 멘토링이 유사한 영역 안에 있지만 코칭이 갖고 있는 뚜렷하게 구분되는 요소가 있다.

첫째 코칭 철학과 윤리를 기반으로 대화를 열어간다.
둘째 코칭에서 답을 찾을 수 있는 전문가는 코치가 아닌 고객이다.
셋째 현재에서 미래로, 잠재력과 가능성에 초점을 맞춘다.
셋째 목적 지향적이며 실행력을 돕는 대화다.

상담이 상처와 고통 속에서 치유를 원하는 고객을 도와 마이너스(-) 있는 고객을 0에 도달하도록 돕는 것이라면 코칭은 숫자 0에 있는 고객이 플러스(+)로 성장하도록 돕는 대화 모델이다.

◆ 코칭 대화 모델과 기술들

코칭은 일반 대화와 다르게 구조와 틀을 가지고 있고 이러한 대화를 이끌어 가는 대화 모델들이 있다. 대표적인 대화 모델 중 GROW 모델을 훈련할 수 있는 툴을 160쪽 '제4장 나를 바꾸는 셀프 코칭 훈련' 편에서 소개한다.

또한 코칭의 대표적인 중요 기술들은 공감 경청 질문 피드백 격려 지지와 같은 기술들이다. 코칭의 기술들은 '제5장 소통 코칭 훈련' 편에서 깊이 있게 소개한다.

4.0시대 리더십 패러다임

SELF LEADERSHIP COACHING PSYCHOLOGY

1.
리더십 플랫폼, 셀프리더십

플랫폼이란 자원과 기술을 기반으로 서로를 연결하여 소통과 공유, 나눔, 협업으로 무한한 가치를 창출 시키는 변화와 성장을 지원하는 기지를 플랫폼이라 말할 수 있다.

4.0시대에 셀프리더십은 자신의 삶을 행복하게 만드는 행복의 플랫폼이다.

자신의 정체성, 가치, 신념과 능력, 자신에 대한 깊은 성찰과 인식, 삶에 대한 교훈과 반성 등 자기 인식의 훈련으로 자신의 삶을 성숙하게 이끌어 간다.

자신에게 주어진 삶을 소중하고 아름답게 가꾸며 치열하게 경쟁하는 세상에서 불굴의 의지로 실패의 경험 속에서도 성장의 자원이 될 교훈을 만들며 그 자리에서 다시 일어설 수 있는 힘을 내면에서 이끌어 내는 구축된 플랫폼은 셀프리더십이다.

◆ 셀프리더십은 리더십 모델의 플랫폼이다

셀프리더십이란 모든 리더십 모델에 플랫폼이 된다.

자신과 자신의 인생을 관리하며 성공적으로 다스리는 리더가 타인에게도 영향력을 줄 수 있는 것이다.

먼저 자신을 관리하는 셀프리더십으로 무장될 때 내면으로부터 발휘되는 견고한 힘을 통하여 타인의 마음에 공명과 영감을 일으킬 수 있다. 자신을 관리하고 다스리는 셀프리더십은 모든 리더십 모델이 건강하고 영향력 있게 세워질 수 있도록 기초를 세우는 구조물과 같다. 건축물의 기초공사, 기반공사와 같이 건강하고 튼튼하게 셀프리더십이 구축될 때 어떤 리더십 모델로 디자인이 되어도 내면으로부터 올라오는 견고함으로 건강하고 힘 있는 영향력을 행사할 수 있을 것이다.

◆ 셀프리더십 요소

셀프 리더십의 창시자인 Manz & Sims 는 셀프리더십이란 "스스로 자기 자신에게 영향력을 행사히기 위한 사고 및 전략이라고 정의한다.

전통적인 리더십만으로 조직에서 원하는 목표를 달성하기 어렵기 때문에 스스로 자기 자신에게 먼저 영향력을 행사하는 내재적 리더십을 통해 보다 만족스러운 효과를 만들 수 있다는 원리에서 출발한다.

아래 표를 통하여 Manz & Sims가 말하는 셀프리더십의 전략에 대해 생각해 보자.

　Manz & Sims의 이론을 기반으로 셀프리더십의 세 가지 전략에 대해 생각해보고 셀프리더십의 기초 공사를 튼튼히 할 수 있도록 적용하고 훈련해보자.

행동 중심적 전략	목표 설정하기	스스로 자신의 목표를 설정한다.
	단서 관리하기	원하는 행동을 편리하게 하기 위해 단서가 될 만한 것들을 주위에 표시하거나 설치한다.
	연습하기	원하는 목표, 일을 수행하기 위해 정신적, 신체적으로 연습한다.
	자기 관찰하기	원하는 목표를 이루기 위한 자신의 행동을 관찰하고 관련된 정보를 수집한다.
	자기 보상하기	바람직한 자신의 행동에 스스로 가치 있는 보상을 제공한다.
	자기 징계하기	스스로 바람직하지 않은 행동에 기준이 있는 제재를 가한다.
자연적 보상 전략	자기 존중하기	자신이 선택한 과업 그 자체를 즐거워하며 동기부여하여 내적 보상의 수준을 증가시킨다.
건설적 사고 전략	성공적 목표 상상하기	자신의 약점이나 장애요인에 집착하기보다 성공의 기회요인을 찾도록 스스로 긍정적인 사고를 한다.
	자기 대화하기	스스로 자신을 설득, 격려, 이해, 비판함으로서 적절한 자기와의 대화를 이끌어 간다.
	신념과 가정에 대해 평가하기	자신의 비합리적 신념들과 생각에 대한 재평가, 새로운 긍정적 사고와 도전 기회 발견.

(자료: 한은혜, 2020)

수많은 리더십 스타일이 있지만 셀프리더십은 모든 리더십의 기초 공사와 같다.

먼저 자기 자신을 관리하고 조절하며 이끌어 갈 수 있을 때 이러한 셀프리더십의 기반위에 다양한 리더십 모델이 플러스 되어 보다 탁월하게 개인과 조직에 긍정적인 영향력을 발휘할 수 있을 것이다.

◆ 셀프리더십 기초위에 코치형 리더십 세우기

저자는 이 책에 전체적인 내용을 통하여 건강하고 튼튼한 셀프리더십의 기초 공사위에 스스로 자신을 코칭 하는 셀프 코치로 또한 타인에게 긍정적인 영향력을 주는 코치형 리더로 훈련하고 성장할 수 있도록 마인드와 기술을 담고 있다.

스스로 코치가 되어 자신을 코칭하는 셀프 코치로서 자신의 사고가 감정을 잘 통제하고 관리 하는 셀프리더십의 기반 위에 코칭 리더십 모델을 적용하여 함께 생각해 보자.

내가 가정과 직장에서 발휘하는 리더십 스타일은 무엇일까?

나는 지시, 통제형 리더인가? 코치형 리더인가? 점검해보자.

지시, 통제형 리더십 VS 코치형 리더십

지시, 통제형 리더	코치형 리더
혼자 방향을 결정한다	경청한다
통제한다	질문한다
명령 지시	위임한다
결과 우선	격려하고 지원한다
이유와 원인에 초점	과정을 중요시한다
거리를 둔다	책임을 함께한다
권위적, 카리스마적	관계를 중요시한다
자신의 경험 과시	호기심과 관심을 갖는다

4.0시대가 추구하는 리더십 스타일은 수평적이고 쌍방향 소통을 통해 개인과 조직의 숨은 잠재력을 개발하고 실행력을 높여 성과를 창출하고 변화와 성장을 추구하는 것이다.

이제 리더십의 플랫폼 셀프리더십 위에 어떤 리더십 스타일이 플러스 되더라도 균형 있고 건강한 영향력을 발휘할 수 있도록 훈련해 보자.

또한 튼튼하고 건강한 셀프리더십을 기반으로 코칭의 마인드와 기술 훈련으로 자신의 마음과 행동을 코칭하고 타인에게 긍정적인 영향력을 발휘하는 코치형 리더로 성장하길 응원한다.

2.
초연결성사회 진정성 리더십

시대가 어려워질수록 진정성에 대한 열망은 강해진다(Coco chanel).

초연결성사회는 모든 것이 투명하게 공유되는 사회이다.

사람과 사람, 사람과 사물, 기계와 기계로 모든 것이 하나로 연결되며 지식과 정보가 빛에 속도처럼 빠르게 공유되는 초연결성 사회가 가속화될수록 이 시대는 진정성 있는 사람들을 더욱 갈망하게 될 것이다.

4.0시대는, 자신에 대한 깊은 성찰로 자기 이해와 인식의 능력을 높여 철저하게 자신을 관리하고 훈련하는 셀프리더십의 토대 위에 진정성의 능력이 요구되는 시대이다.

자신의 내면의 삶을 조절하고 관리하여 내면의 삶과 보이는 삶이 한 방향으로 정렬되어 있는 진정성의 힘이 가정과 조직사회에 선한 영향력을 줄 수 있다.

이러한 진정성은 자기를 이해하고 자신에 대한 성찰과 반성으로 자신을 훈련하며 있는 그대로의 진솔한 모습으로 무장한 사람이다.

진정성 리더십에 대해 생각해 보자.

진정성 리더의 요소
∨ 자기가 누구인지를 인식하는 사람 ∨ 자기가 가고자 하는 방향을 아는 사람 ∨ 제시한 비전에 한 방향으로 정렬된 가치와 신념으로 무장하고 솔선 수범하는 사람 ∨ 자신의 약점과 실수를 인정하며 타인과 구성원의 성장을 위해 자신의 약점까지 공유하는 사람 ∨ 자기를 인식하고 내가 아는 나와 남이 아는 나의 갭을 줄여가는 사람

이렇게 진정성 리더십으로 훈련된 사람은 진정성의 영향력으로 공명을 일으키며 개인과 조직에 비전을 역동하게 만드는 영향력 있는 셀프리더로 성장할 수 있다.

◆ 참자기로 살아가는 진정성 리더십 훈련

우리는 얼마나 우리 자신에게 나 다운 나로 살아가도록 영향력을 주고 있는가?

우리의 삶을 돌아보며 우리 자신을 성찰해 보자!

우리에게는 아주 다양한 역할이 있다.

학생, 부모, 아내, 남편, 직장에서의 역할….

우리는 각자가 가진 역할에 많은 에너지를 집중시키며 살아가고 있고 역할이 자기 자신이라는 착각에 빠지기도 한다.

삶의 자리에서 가진 역할이 하나의 정체성으로 표현될 수는 있지만, 그 역할이 우리의 존재 자체는 아니며 역할 뒤에는 우리 자신이 있다.

분석심리학자 융(Jung)은 이러한 사회적 역할을 페르소나(persona)란 용어로 사용하였고, 라틴어로 페르소나(persona)는 가면이라는 뜻이며 "페르소나란 사회적 관계 속에서 자신을 드러내는 방식"이라고 표현했다.

우리는 다른 사람의 기대에 반응하는 태도에는 익숙해져 있지만 자신의 감정과 자신의 욕구를 인식하고 자기를 표현하는 태도에는 익숙하지 못하다.

진정으로 원하는 행복한 삶을 살아가기 위해서는 진실한 자기 찾기가 우선되어야 한다.

타인이 기대하는 내가 되기 전에 자신이 간절히 원하는 욕구와 사고, 감정을 인식하고 자신을 조절하고 다듬어 가며 자기 다운 자기를 건강하게 만들어 가야 한다.

내가 인식하는 나와 남이 인식하는 나의 차이가 크다는 것은 타인에게 보이는 하나의 역할 페르소나(Persona)는 우세해지고 타인에게 보이는 역할의 무게에 눌려 자신의 참존재는 억압되고 있을 수 있다.

우리가 자신의 내면의 세계를 인식하고 내면의 자기를 건강하게 가꾸어 갈 때 자신의 사회적 역할(Persona)도 더욱 건강하게 수행할 수 있으며 상황에 따라 사회적 역할이 바뀌고 사라져도 우리는 본연에 존재로 자기다운 자기로 당당하고 멋지게 삶을 살아갈 수 있을 것이다.

지금부터 셀프리더십을 발휘하여 참자기다운 모습으로 행복한 삶을 살아가도록 진정성리더십 훈련을 시작해 보자.

3.
변혁적 리더십 훈련

우리는 그동안 수없이 변화를 꿈꾸고 시도해 왔다.

많은 노력을 통해 사람과의 관계, 주위 환경, 우리의 행동, 능력을 수정시키고 향상시킬 수 있고, 즉각적인 변화는 찾아올 수 있다.

그러나 즉각적인 변화는 가능하지만 비슷한 패턴에 문제들이 반복되어 발생되는 것은 왜일까?

진정한 변화의 힘은 어디에서 오는 걸까?

각 레벨의 질문들을 통해 생각해 보자.

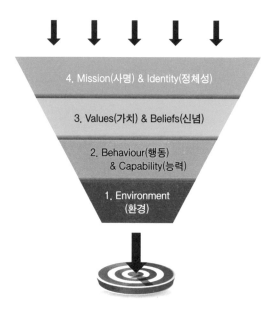

셀프리더여, 존재를 확립하라![3]

1) Environment(환경)

당신은 어떤 환경에 있는가?

내 주변에는 어떠한 사람들이 함께 하고 있는가?

나는 어떠한 환경을 기대하는가?

나는 이 환경안에서 무엇을 시도하고 있는가?

우리의 환경을 움직이게 하는 힘은 어디에서 올까?

---

3) 로버드 딜츠(Robert Dilts) 뉴로로지컬 레벨(Neurological Level) 참고.

2) Behaviour(행동) & Capability(능력)

당신은 무엇을 위해 행동하는가?

당신은 왜 그 행동을 하고 있는가?

어떻게 그 일을 할 수 있는가?

우리의 행동을 움직이는 힘은 어디서 오는 것일까?

우리의 능력을 발현시키는 강력한 동기는 어디에서 오는가?

3) Values(가치) & Beliefs(신념)

신념은 굳은 의지를 가지고 믿고 있는 마음이며 가치는 우리를 움직이는 내면에 숨겨진 힘이다.

당신의 가치들은 무엇인가?

나는 어떤 곳에 물질을 투자하고 시간을 투자하고 있는가?

내가 목적한 삶에 합당한 가치들을 선택하고 있는가?

내가 사용하는 시간, 만남, 관계, 물질 , 열정, 감정, 에너지, 이런 가치들은 내 삶의 목적과 한 방향으로 정렬되어 있는가?

내가 가진 신념들을 무엇인가?

나는 무엇을 굳게 믿고 있는가?

나는 이 신념안에서 무엇을 기대하고 있는가?

4) Identity(정체성) & Mission(사명)

당신은 누구인가?

당신의 사명은 무엇인가?

당신이 살아가는 목적은 무엇인가?

당신의 사명에 합당한 환경 안에 있는가?

당신의 정체성에 일치되는 행동을 하고 있는가?

당신의 정체성에 일치되는 가치와 신념을 가지고 있는가?

◆ 셀프리더의 변화 훈련

위의 표와 각 레벨의 질문들을 참고해 보자.

1. 환경　　2. 행동과 능력　　3. 가치와 신념　　4. 사명과 정체성

각 레벨의 질문들을 생각하며 함께 우리 삶에 적용하여 생각해 보자.

우리는 환경에서 크게 세 가지의 갈등을 가질 수 있다.

대인관계, 소속된 환경에 대한 확신, 발휘할 수 있는 행동과 능력이
다.

만약 우리가 이 세 가지를 반복하여 갈등하고 있다면 우리는 환경,
행동, 능력에 강력한 영향을 주고 있는 상위 레벨 4번과 5번의 사명과

정체성, 가치와 신념을 새롭게 점검해 보아야 한다.

첫 번째 환경에서 대인관계에 영향을 주는 신념을 점검해 보자.

원만한 대인관계를 만들기 위해 노력하고 즉각적으로는 변화된 것 같지만 비슷한 패턴의 문제가 다시 발생하고 있다면 사람과의 관계에 있어 자신이 가지고 있는 3번 레벨 신념을 점검해야 한다.

1번과 3번의 질문들을 연결해서 생각해 보자.

남편은… 아내는… 자녀는… 회사의 팀장은… 부하직원은… 사장은…

반드시 그래야만 한다는 나의 신념은 무엇인가?

적절하게 노력하고 잘 대응하고 있다고 생각했는데 스트레스 상황이 되면 넘어진 자리에서 또 넘어지고 반복해서 갈등하게 되는 원인은 무엇일까?

자신이 가진 신념은 상대에 대한 기대와 판단, 평가를 만들게 되고 자신의 신념에 일치되지 않는 상대의 반응은 불편한 생각으로 다가오게 되고 무의식적으로 작동되는 부정적 감정으로 관계를 유지하는 데 반복적인 장애물이 될 수 있다.

두 번째 사명과 정체성을 통해 환경을 점검하자.

자신이 속한 환경에서 갈등하고 있다면 사명과 정체성을 통해 환경을 점검하고 4번 레벨의 질문들을 함께 생각해 보자.

나는 누구이며, 나의 삶의 사명은 무엇인가?

나는 삶의 사명과 정체성이 정립되어 있는가?

자신의 사명과 정체성이 명료화 될 때 합당한 환경을 선택하게 될 것이며, 합당한 환경 속에 있지만 사람과의 갈등 속에서 고민하고 있다면 자신의 정체성과 사명을 더욱 견고하게 하여 그 관계와 환경을 극복할 힘을 얻을 수 있을 것이다.

세 번째 자신의 행동과 능력에 영향을 주는 사명과 정체성, 가치와 신념을 점검해 보자.

자신의 능력으로는 불가능하다고 스스로 만들어 놓은 제한 신념들은 무엇이 있는가?

자신이 어떤 행동을 선택하도록 영향을 주는 가치들은 무엇인가?

무엇이 자신의 행동과 능력을 확장 시키고 무한한 잠재력을 이끌어내어 그 순간 기적을 만드는가?

행동과 능력을 변화시킬 보다 근본적인 힘을 원한다면 3. 4번의 질문들과 함께 3. 4레벨을 점검해 보자.

사명과 정체성은 우리 안에서 무한한 능력을 발휘하게 한다.

왜 해야 하는지? 무엇을 위해 해야 하는지?

스스로 사명감과 정체성을 정확하게 인식할 때 우리 안에서 무한한 잠재력을 끌어낼 수 있다. 또한 자신이 해야만 한다는 사명감과 정체성에서 우러나는 자발적 책임감은 우리 안에 불가능하다고 믿고 있던 자신의 제한 신념을 무너트리고 보다 큰 가능성의 힘을 이끌어 낸다.

우리는 환경과 행동, 능력 안에서 변화할 수 있고, 앞으로도 변화를 시도할 수 있으나 강력한 변화의 힘은 상위레벨 즉 사명과 정체성 가치와 신념의 에너지이며 이러한 상위레벨과 하위레벨이 한방향으로 정렬될 때 보다 탁월한 영향력 있는 삶을 살아갈 수 있다.

자신의 사명이 무엇이며 자신이 누구인지 정체성이 분명한 사람은 정체성에 걸맞은 가치와 신념으로 무장되고,

사명과 정체성, 가치와 신념이 자신의 능력과 행동과 환경에 영향을 미칠 때 건강한 변화와 성장이 지속될 수 있을 것이다.

또한 사명과 정체성, 신념과 가치, 능력과 행동 환경이 한 방향으로 정렬되어 있는 삶을 살 때, 자신의 잠재된 능력을 맘껏 발휘할 수 있으며 행복한 삶, 진정으로 변화하고 성장하는 삶을 살 수 있을 것이다.

셀프리더의 존재를 확립해라

수준	셀프 코칭
4. Mission(사명) & Identity(정체성)	나는 누구인가? 나의 인생의 목적은 무엇인가?
3. Values(가치) & Beliefs(신념)	왜 나는 그 일을 하고 있는가?
2. Behaviour(행동) & Capability(능력)	나는 무엇을 하고 있는가? 어떻게 그 일을 할 수 있는가?
1. Environment(환경)	나는 어디에 있는가?

셀프리더의 존재를 확립해라 & 실천편

셀프 코칭	PI(Personal Identity) 정립하기
나는 누구인가? 나의 인생의 목적은 무엇인가?	
왜 나는 그 일을 하고 있는가?	
나는 무엇을 하고 있는가? 어떻게 그 일을 할 수 있는가?	
나는 어디에 있는가?	

4.
뉴딜시대 퍼스널 브랜딩 코칭

빠르게 변화하는 4.0시대!

대공황 극복을 위하여 추진했던 제반정책 뉴딜(New Deal) 전략이 이제 개인과 조직에 절실하게 필요하게 되었다.

급격하게 변화되는 환경에서 100세 시대를 살아가는 우리에게 진정으로 필요한 뉴딜 전략의 시작은 무엇일까?

어떻게 변화하는 환경 속에서 우리 자신을 일으켜 세우며 나다운 나로 우리의 삶을 디자인하며 행복하고 성공하는 삶을 살아갈 수 있을까?

그 유일한 해답을 풀고 우리 자신을 보듬고 나아갈 힘도 의지도 우리 안에서 시작된다.

이제 어떤 상황과 환경 속에서도 멈추지 않고 자신만의 고유한 스타일을 개발하고 강화하며 성공적인 인생 전략을 구축하여 새롭게 출발해 보자.

퍼스널 브랜드란 자신이 가진 독특한 가치와 이미지를 의미하고 자신의 이러한 가치를 브랜드화 하여 경쟁력을 만들고 어필하는 것을 말한다.

먼저 우리 자신의 가치를 높이고 자신의 강점을 인식하고 개발하여 자신만의 브랜드를 구축하기 위해 자신을 이해하고 분석하는 시간을 가져보자.

◆ 첫번째 조하리의 창을 통해 대인관계 속에서 나의 소통의 창을 점검해 보자.

조셉 러프트(Joseph Luft)와 해리 잉햄(Harry lngham)이 개발한 조하리의 창에서는 인간의 상호작용을 4가지로 소개한다.

1. 자신도 알고 타인도 아는 열린 창
2. 나는 알지만 타인은 모르는 보이지 않는 창
3. 나는 모르지만 타인은 아는 숨겨진 창
4. 나도 모르고 타인도 모르는 미지의 창이다.

1. 열린 창	2. 보이지 않는 창
3. 숨겨진 창	4. 미지의 창

∨ 나는 내 자신에 대하여 얼마나 알고 있는가?

∨ 나는 내 자신을 모르는데 타인들이 나에 대해 공통적으로 인정하고 알고 있는 것은 무엇일까?

∨ 나는 나를 알고 있지만 타인에게 보이지 못하는 영역은 무엇인가?

◆ 두번째 자신만의 행동 스타일과 강점을 개발 시킬 수 있도록 훈련해보자.

1. 자신의 행동유형을 분석하고 자신의 행동패턴을 개발하자.
2. SWOT 분석도구로 자신의 강점과, 약점, 기회요인, 위협요소 등을 분석해 보자.

3. STP 기법으로 전략을 수립하고 자신만의 퍼스널 브랜드를 디자인하자.

4. 경쟁력 있는 자신만의 슬로건을 작성하자.

1. 자신의 행동유형을 분석하여 자신의 리더십 스타일을 이해하고 계발해보자.

∨ 먼저 자신을 표현해주는 단어 옆에 1점부터 5점 척도로 점수를 적어보자.

∨ 1, 2, 3, 4의 각 합계 점수를 박스에 작성 한다.

∨ 합계점수가 가장 높게 나온 번호의 강점과 보완점을 탐색해보자.

그렇지 않다: 0점   생각해 본다: 1점   드물게 행동한다: 2점
간혹 행동한다: 3점   자주 행동한다: 4점   항상 행동한다: 5점

1		2		3		4	

1[4]	도전/모험		통찰/직관		결과/업적		권위/위엄		주도적인	
2	열정/재미		독특/개성		호기심/친절		흥미/신기		개방적인	
3	화평/온유		안정/지속		충성/인내		동행/친밀		협력적인	
4	절차/정확		대비/안전		완벽/치밀		완성/준비		원칙적인	

1	경쟁/공격		폭력/분노		권력/서열		임전무퇴		거만하게	
2	싫증/포기		화려/사치		수다/과장		용두사미		충동적인	
3	미룸/양보		견딤/침묵		무사/태평		우유부단		소극적인	
4	엄격/철저		따짐/깐깐		불안/의심		완벽/무흠		비판적인	

∨ 각 유형을 표현해 주는 단어들을 통해 자신의 행동유형에서 자신의 강점과 성장이 필요한 보완점을 체크해 보자.

_____

4) 정요섭, Christian Coaching Leadership 좋은땅, 2017.

점수/유형	강점	보완점
1. 주도형	직관력, 모험적, 권위적, 주도적, 결단력. 통찰력, 성과적, 도전적 책임감, 근면함, 자신감	고집이 센, 참을성이 부족한, 억압하는, 충동적인, 공격적인, 경솔한, 무모한
2. 사교형	낙천적, 설득력 있는, 온화한, 감정 풍부, 상상력, 호기심, 칭찬, 사교적인, 격려하는, 열정적인	즉흥적인, 말이 많은, 산만한, 비체계적인, 끝마무리가 부족한
3. 안정형	친절한, 인내심, 성실한, 순수한, 안정적인, 차분한, 꾸준한, 협동적인, 여유 있는, 수용적인	변화에 더딘, 수동적인, 우유부단, 양보하는, 행동이 느린, 일을 미루는
4. 신중형	논리적인, 원칙적인, 분석적인, 객관적인. 세심한, 성실한, 신중한, 위험요소를 예측하는, 준비하는	의심이 많은, 자기 비하적인, 비판적인, 감정 표현에 인색한, 따지는, 판단하는

사람은 4가지 유형을 다 가지고 있지만 그 중에 두드러진 한두가지의 자신만의 행동양식을 갖는다.

1) 가장 두드러지게 나타나는 행동유형은 무엇인가?

2) 강점으로 나타나는 자신의 행동패턴은 무엇인가?

3) 스트레스 상황 시 조절이 필요한 자신의 행동패턴은 무엇인가?

주도형

의사소통 스타일	① 주도형의 의사소통 스타일은 속도가 빠르다. ② 성과를 얻기 위해 위험을 감수한다. ③ 사교적인 덕담 보다는 핵심적인 내용을 직선적으로 말하는 경향을 보인다. ④ 타인의 말을 선택적으로 듣거나 경청하기보다는 자기주장을 말하는 경향성이 있다. ⑤ 주도형은 독립심이 강하고 주도적인 행동 유형이기 때문에 주도형은 지시 받거나 명령 받을 때 불편해하고 우유부단하고 비효율적인 것을 불편해 한다.
소통전략	① 주도형에게는 지시형 표현보다는 의뢰형 또는 질문형 표현이 적합하다. ② 속도가 빠른 주도형에게 결론부터 말해 주고 이에 따른 상황을 간결하게 설명해 주는 요령이 필요하다.
주도형의 셀프 코칭	① 자기주장을 하고 싶은 순간 상대방의 말을 끊지 않고 경청하기 훈련(10점 만점에 현재 상태 3점이라면 1점 높이기 훈련) ② 압력을 받으면 독재적이거나, 공격적이 될 수 있음을 자각하고 평상시 타인과 입장을 바꾸어 생각하는 마음 훈련이 필요하다.

사교형

의사소통 스타일	① 사교형의 의사소통 스타일은 인정에 대한 욕구를 가지고 대화하는 스타일이다. ② 사교적이고 자유로운 분위기로 대화하는 환경을 선호하고 타인의 말에 공감하고 반응해 주며, 사교형은 부정적인 이야기나 심각한 대화를 기피하는 경향성이 있다. ③ 사교형은 사회적으로 인정받지 못하거나 거부당하는 것, 지나친 격식 차림을 불편해 한다.

소통전략	① 질책이나 충고보다는 작은 일이라도 먼저 인정해 주는 대화로 마음의 문을 여는 것이 필요하다(공개적 칭찬에 더욱 동기부여). ② 사교형은 통제 받거나 딱딱한 분위기를 불편해하기 때문에 자유롭게 자신의 생각을 표현할 수 있는 환경을 조성해 줄 때 동기부여가 된다.
사교형의 셀프 코칭	① 상대를 향한 인정과 칭찬에 대한 기대를 내려놓고 대화할 때 꼭 필요한 말, 책임지는 말을 할 수 있다. ② 지적과 충고를 받아들이는 감정의 근육 키우는 훈련이 필요하다.(압력을 받으면 감정적·비체계적으로 행동할 수 있음을 자각하고 마음이 불편해도 끝까지 경청하는 훈련이 필요하다). ③ 과제에 집중하고 일의 끝마무리에 대한 중요성을 인식하고 실천하는 훈련이 필요하다.

안정형

의사소통 스타일	① 안정형은 다른 사람의 이야기를 수용적으로 경청하고 비공식적으로 편안할 때 속마음을 이야기하는 스타일이다. ② 안정형은 빠른 의사결정을 요구할 경우 불편해 할 수 있다.
소통 전략	① 공감해 주는 언어 표현, 진실한 감사의 표현에 마음을 연다(가까운 대인 관계, 신뢰에 의해 결정, 압력을 받으면 더 대답을 못 하고 양보하는 모습을 보인다). ② 책임감의 과정을 진실하게 칭찬하고 격려해 주는 것이 힘이 된다.
셀프 코칭	① 자신의 존재감 격려하기(나는 꼭 필요한 존재). ② 스스로 갈등을 회피하고 변화에 더디다는 것을 인식하고 자신의 생각을 표현하고 속도를 조절하는 훈련이 필요하다(현재 상태에서 1점 높이기 훈련).

신중형

의사소통 스타일	① 신중형의 의사소통 스타일은 타인의 말을 분석적으로 듣는다 . ② 사적인 대화는 피하고 공식적인 의사소통을 선호하고 자신의 생각을 정리해서 간단명료하게 이야기하는 스타일이다. ③ 완벽을 추구하는 신중형은 자신이 한 일을 비판 받는 것, 불합리한 행동을 강요받는 것, 민감하지 못한 상황을 불편해 한다.
소통 전략	① 감정적인 표현보다는 사실에 근거한, 합리적인 기준 제시, 구체적인 비전 제시가 중요하다. ② 생각할 시간을 미리 제공하고 세부사항에 대한 구체적으로 칭찬하는 것이 효과적이다. ③ 향후 비전을 제시할 때도 구체적인 계획과 대안을 가지고 대화하는 것이 효과적이다.
신중형의 셀프 코칭	① 완벽해야 한다는 신념, 완벽에 대한 자기 기대, 타인에 대한 기대 줄이기. ② 회피하지 않고 자신의 감정을 표현하는 훈련이 필요하다(압력을 받을 때 숨지 않기).

자신의 행동유형을 탐색해 봄으로써 자신의 장점은 더욱 강화 시키고 자신의 보완점은 스스로 조절하며 다른 행동유형과의 소통 전략을 훈련해 보자. 또한 셀프 코칭 훈련으로 자신을 인식하고 조절하는 훈련을 통해 탁월한 소통 관계를 만들어 갈 수 있다.

2. SWOT 분석도구를 활용하여 자신의 역량을 점검해 보자.

1) Strengths(강점) 나의 강점은 무엇인가?

2) Weakness(약점) 나의 약점은 무엇인가?

3) Opportunity(기회) 나에게 기회가 되는 외부요인은 무엇인가?

4) Threat(위협) 나에게 위협이 되는 외부요인은 무엇인가?

5) 분석을 통해 자신의 강점과 약점, 외부적인 기회요인과 위협요인을 확인했다면 약점과 위협요인은 충분히 인식하고 강점과 기회요인을 통해 퍼스널 브랜드를 구축해 보자.

SWOT 분석

Strengths(강점)	Weakness(약점)
Opportunity(기회)	Threat(위협)

3. STP 전략을 수립해 보자.

SWOT 분석을 통해 자신의 강점과 기회요인이 분석되었다면 자신의 강점을 활용하여 어디에서, 무엇을, 어떻게 발휘할 것인지 퍼스널 브랜드를 강화 시켜 보자.

1. Segmentation(시장세분화) 자원을 분석하여 세분화하라.	나만의 강점들은 무엇인가?
2. Targeting (목표시장 선정) 강점의 역량을 발휘시킬 목표를 설정하라.	나의 강점을 발휘하여 무엇을 하고자 하는가?
3. Positioning(포지셔닝) 리더십의 역량으로 당신만의 브 랜드를 만들어라.	나만의 강점과 역량을 어디에서 발휘할 것인가?

STP 전략 수립

셀프 코칭	작성 편
1. Segmentation(시장세분화) 자원을 분석하여 세분화하라. 나만의 강점들은 무엇인가?	
2. Targeting(목표시장 선정) 강점의 역량을 발휘시킬 목표를 설정하라. 자신의 강점을 발휘하여 무엇을 하고자 하는가?	
3. Positioning(포지셔닝) 당신만의 브랜드를 만들어라. 나만의 강점과 역량을 어디에서 발휘할 것인가?	

4. 가치 있는 나만의 슬로건을 작성해 보자.

앞에서 자신의 성격적인 행동패턴에 대해 인식해 보고 SWOT 분석을 통해 자신을 분석하고 자신을 브랜드화 하기 위한 훈련을 함께 해봤다. 이제 이러한 자신을 한문장으로 표현하는 슬로건을 작성해보자.

1) 나만의 강점들 상징적인 가치들을 떠올리며 누구나 이해하기 쉽게 한문장으로 정리 해보자.
2) 나를 표현하는 키워드도 생각해보자.
3) 쉽고 단순하면서 타인에게 강렬하게 나를 표현할 한문장을 만들어 보자.

나의 슬로건

5.
마음을 리드하는 감성리더십

수세기 동안 시대를 돌아보면 그 시대가 요구하며 추구하는 가치와 리더십의 역량은 다르게 변화하였다.

변화의 시대에 다양한 사람들을 수용하고 이해하는 유연성, 자신과 타인의 감성을 읽어주는 민감성, 갈등 속에 흔들리는 사람의 마음을 읽어주고 소통과 공감으로 긍정적 영향력을 발휘하며 사람의 마음을 터치하는 감성 리더십은 이 시대에 꼭 필요한 리더십의 역량이다.

◆ 감성리더십의 4가지 역량

1. 자기 인식 훈련

자기를 인식한다는 것은 자신의 성격, 강점, 약점, 자신의 능력, 자신의 한계, 자신의 욕구 등을 스스로 이해하고 대인관계에서 어떠한 영향력을 주고 있는지를 자신이 자각하는 능력이다.

또한 자신의 정체성, 삶의 목적, 사명, 가치 등 삶의 중요한 요소들을 인식하고 자신의 삶의 방향성을 점검해 나가는 능력이다.

2. 자기 관리·조절 훈련

자기를 통제하는 능력으로서 자신의 감정과 언어 행동 표현이 외부에 미치는 영향을 스스로 인식하고 스스로 감정과 언어와 행동을 조절하는 능력이다.

자신의 감정을 읽어 주며 감정 아래의 욕구가 무엇인지 자기와의 대화를 통해서 자각하며 자신의 내면의 정서 상태가 부정적인 힘에 정복당하지 않도록 스스로 감정과 언어와 행동을 관리하며 조절의 힘을 키워 나가는 훈련이다.

3.사회적 공감 훈련

타인의 감정을 인식하고 공감할 수 있는 능력으로 타인의 세계관을 존중하고 타인의 생각과 감정을 읽어 주며 조직과 공동체의 욕구와 흐름을 민감하게 인식하고 반응하도록 타인의 마음과 타인의 입장에서 생각하고 함께 느껴보는 공감의 역량을 높여가는 훈련이다.

4. 사회적 관계 훈련

자기 인식과 자기 관리로 훈련된 사람은 타인과의 관계, 관리를 효과적으로 해 나간다.

자신감 있게 자신을 보여 줄 수 있으며 자신에 대한 비전을 공유하며 소통하고 타인에게 영감을 불러일으키고 배려와 존중 솔선수범의 모습으로 관계를 만들어 간다.

이제 변화하는 시대에 파도를 타듯 유연성 있게 감성근육들을 키워 나갈 수 있다.

감성의 능력으로 설득력 있게 사람의 마음을 터치하며 타인의 비전을 격려하고 공감과 소통으로 타인의 동기와 열정에도 불을 붙여 주는 감성리더십을 발휘해 보자.

6.
4.0시대 CS(Customer Satisfaction)리더십

4.0시대 서비스산업 시장의 고객만족 서비스의 패러다임은 어떻게 변화될까?

지금 시대의 기업은 1인 기업부터 대기업에 이르기까지 어떤 업종의 기업이든 고객만족을 이루는 서비스품질 관리는 모든 기업의 사명이며, 고객만족 CS(customer satisfaction) 경영은 모든 기업의 목표이기도 하다.

스마트폰만 열면 제품과 기업광고가 쏟아지고 VOC(Voice Of Customer) 고객의 소리 즉 고객이 경험한 서비스의 품질과 평가가 SNS 관계망 통해 전 세계에 공유되는 초연결성 사회에서 고객의 손끝하나로 수없이 많은 기업과 상품의 정보를 접하며 직간접적으로 서비스를 경험하고 있다.

이런 초연결성 사회에서 고객의 마음을 사로잡고 고객의 소리가 기업의 위상을 높일 수 있는 충성고객을 확보하기 위해 준비해야 하는 것은 무엇일까?

　1인 기업부터 대기업에 이르기까지 SNS와 모든 광고매체를 이용하여 기업의 이미지를 높이기 위해 많은 양의 광고와 막대한 예산을 투입하고 있다.

　고객은 이런 광고 속에서 기업에 대한 기대를 갖게 되고 기대한 서비스의 품질과 직접 자신이 경험한 서비스의 품질 속에서 만족과 불만족을 결정하게 된다.

　결국 기대 수치보다 더 좋은 품질의 서비스를 제공받고 경험했을 때 만족이라는 결과가 나오며 고객이 기대한 만큼 서비스품질을 경험하지 못했다면[5] 고객만족의 수치는 마이너스가 되는 것이 고객만족의 공식이다.

　모든 정보가 빛의 속도처럼 빠르게 이동하는 초연결성 시대에 기업 문화 이미지와 정직하고 진정성 있는 고객서비스가 균형 있게 조화를 이룰 때 사랑받는 기업으로 성장할 수 있다.

---

5)　Valarie A. Zeithaml · Mary Jo Bitner, 『서비스마케팅』 석정.

서비스는 이론이 아니라 가슴으로부터 우러나오는 고객을 향한 행동이다.

특별히 서비스를 제공하는 접점에 있는 서비스 제공자의 역할은 서비스의 완성이 고객과 접점에서 만나는 MOT(Moment of Truth) 진실의 순간에 이루어진다는 것을 인식해야 한다.

MOT란 투우 경기에서 유래되었는데, 투우사와 소가 대결을 하는 목숨을 건 결투 속에서 소의 급소를 찌르는 '살거나 죽거나'의 결정적 순간, 또는 '실패가 허용되지 않는 결정적 순간'을 의미한다.

그만큼 고객과 만나는 접점의 순간은 중요하며, 접점은 고객의 마음을 사로잡는 결정적인 순간인 것이다.

그렇다면 고객이 만족할 수 있는 서비스는 무엇일까?

고객이 만족할 수 있는 고객만족 서비스의 3요소는 다음과 같다.

고객만족의 3요소는 하드웨어, 소프트웨어, 휴먼웨어 서비스 이다.

하드웨어 서비스는 고객이 접촉하는 모든 물리적 접점 서비스이다.

제품의 품질 정확한 시간 약속과 배달 서비스, 안내 간판, 주차시설, 엘리베이터까지의 동선 안내, 주차공간의 쾌적성, 화장실, 상업시설, 고객대기실, 음악, 향기, 전망 등 고객이 오감을 통해 경험하는 모든 물리적 접점 서비스이다.

소프트웨어 서비스는 신속하게 고객과 소통하는 서비스 시스템이다.

상품에 대한 AS 서비스와 고객의 컴플레인을 신속하게 처리하고 고객의 욕구와 필요를 충족시킬 수 있는 고객을 위한 고객 관리 서비스 시스템을 말한다.

고객을 위한 교육, 공연, 문화, 예술 등 다채로운 프로그램으로 고객 서비스를 제공한다.

이와 더불어 빅데이터 분석으로 고객의 선호도와 행동패턴을 예측하고 고객의 욕구와 기대에 맞는 구체적인 맞춤서비스를 통해 고객이 더욱 만족할 수 있는 소프트웨어 서비스 시스템을 구축할 수 있다.

휴먼웨어 서비스는 접점에 있는 인적자원들을 통한 서비스 마인드, 서비스 행동, 서비스 매너이다.

앞에서 말한 바와 같이 서비스는 이론이 아닌 가슴으로부터 우러나

오는 행동이다.

다시 말해서 서비스의 이론들이 자신의 정체성과 사명감 안에서 서비스의 마인드로 정립될 때 더욱 영향력 있는 서비스의 품질을 제공할 수 있다.

서비스 제공자는 자신의 역할이 서비스의 결정적 순간을 만드는 중요한 포지션에 있다는 것을 스스로 인식하고, 서비스마인드, 서비스 행동, 서비스 매너로 자신을 훈련해 나가야 하며 무엇보다 자신의 일에 대한 자부심과 긍지를 갖는 것이 중요하다.

이 질문에 대답해보자.

자신이 하고 있는 일에 대한 자부심과 긍지를 인식하고 있는가?

자신이 하고 있는 일에 걸맞은 정체성과 사명감을 가지고 있는가?
자신이 하고 있는 일에 소중함과 가치를 가지고 있는가?

자신이 하고 있는 일에 열정과 비전을 가지고 있는가?

서비스의 제공은 눈에 보이는 물리적 서비스와 함께 고객과 만나는 접점의 순간에 보이지 않는 무형의 서비스 제공이 동시에 일어난다. 그렇기 때문에 이러한 내부 고객의 내적 마인드는 외부적으로 행하는 외적 서비스의 품질에 크나큰 영향을 미치는 요인들이다.

사람의 인체는 자신의 내면의 생각과 감정에 따라 눈동자의 움직임, 얼굴의 근육의 움직임, 호흡의 속도, 목소리의 톤, 표정, 미소 등 언어와 비언어를 포함하여 외부적인 태도로 나타나도록 연결되어 있다.

서비스의 매뉴얼을 넘어 자신의 마음가짐에 따라 미소와 눈빛, 표정, 자세, 언어 등 태도가 달라지고 서비스 제공자의 마인드에 따라 서비스품질이 달라진다.

　서비스 제공자가 스스로 조직 속에서 가치 있는 존재감, 일에 대한 자부심, 성취와 보람을 느끼며, 스스로 목표를 설정하고 자발적인 동기부여로 셀프 리더십을 발휘할 때 보다 영향력 있는 CS리더로 성장할 것이다.

7.
부모 수퍼리더십 훈련

◆ 자녀를 셀프리더로 성장시키는 부모의 수퍼리더십

4차 산업 혁명 시대를 이기며 살아가야할 우리 자녀들에게 꼭 필요한 것은 인성과 정서지능을 높이는 교육이다.

우리의 자녀들은 인공지능처럼 입력하고 프로그래밍한 아바타가 아니다.

우리의 자녀들은 자유의지로 미래를 선택할 수 있는 창조능력을 가지고 있고, 세상을 따뜻하고 아름답게 만들어갈 잠재력 넘치는 존재들이며 뜨거운 심장이 뛰고 있는 세상을 이끌어 갈 미래의 리더들이다.

이 시대와 다음세대를 짊어지고 나아갈 우리 자녀들의 건강하고 행복한 미래를 위해 지금 먼저 준비되고 선행되어야 할 것은 무엇인가?

4.0시대 뜨거운 심장으로 세상을 이끌어 갈 우리 자녀들이 스스로

자신의 삶을 개척하고 개발하며 변화하는 시대 속에 건강하고 행복한 미래를 만들어 갈 수 있도록 부모세대가 지금 먼저 선행해야 할 훈련은 부모의 수퍼리더십 훈련이다.

셀프리더십과 수퍼리더십은 경영학자 만츠(Charles Manz)와 심즈(Henry P. Sims)에 의해 개발된 리더십 모델이다.

수퍼리더십이란 먼저 리더 자신이 셀프리더로 훈련되어 구성원 개개인이 셀프리더십을 발휘할 수 있도록 동기부여를 하여 구성원을 셀프리더로 성장시키는 리더십 모델이다.

수퍼리더십의 의미를 부모리더십에 적용해 보면 먼저 부모 자신이 셀프리더로 훈련되어 자녀가 자신의 삶을 스스로 이끌어 가는 셀프리더로 성장할 수 있도록 부모가 조력하고 동기부여 하는 리더십이다.

부모 자신이 철저하게 자기를 인식하여 부모로서 정체성과 자녀양육에 대한 철학을 다시금 점검하고 자신의 사고, 감정, 행동 패턴을 조절하고 관리하여 자녀와 더욱 건강한 관계를 형성해 나가도록 셀프리더십을 발휘할 때 부모의 수퍼리더십이 4.0시대를 이끌어갈 우리의 자녀들을 셀프

리더로 성장시킬 수 있다.

◆ 셀프리더십의 기초 위에 부모리더십 세우기

자녀의 정서능력은 부모라는 거울을 통해 형성된다.

우리 인간은 관계 속에서 태어나고 관계 속에서 자신의 존재와 가치를 인식하며 형성해 나간다.

부모는 자녀에게 자기라는 존재의 의미와 가치를 만들어 주는 대상이 되어 주며, 자녀는 부모라는 거울을 통해 자신의 자아상을 만들어 간다.

부모와의 관계 속에서 부모가 반응해 준 언어의 표현, 감정의 표현, 매순간 자녀에게 반응해 주었던 부모의 태도에 영향을 받으며 자녀는 자신의 존재를 형성해 가고 심리 내적 구조 안에 생각과 감정을 처리하는 내적 작동모델[6]을 구축하며 정서를 관리하는 능력도 함께 형성해 나간다.

자녀의 정서 세계에 부모가 막대한 영향을 준다는 책임감 앞에서 나는 어떤 부모인가를 생각하게 될 것이다.

---

6) 내적작동모델은 의미 있는 양육자와 애착 관계의 경험을 통해 구조화된 자신과 타인, 세계에 대한 독특한 세계관과 행동체계, 신념체계를 말한다.

우리 세대의 부모라면 부모가 되기 위해 부모 교육 훈련을 받고 준비해서 부모가 되기에는 열악한 환경이었다.

가부장적이고 엄격한 가족·문화·환경이 대물림되고 그러한 환경 속에서 감정 표현, 의사 표현, 대상에 대한 적절한 애정 표현을 충분히 경험하거나 훈련 받지 못해 자녀들과 관계를 형성해 가는 과정이 능숙하지 못한 부모세대들이다.

그렇다고 절망하거나 자책할 필요는 없고 포기해서도 안 된다. 자녀들에 대한 간절한 사랑과 애정이 있지만, 경험이 부족했고 훈련되지 못해서 관계하는 방식에 서툰 부모 리더십을 이제부터 훈련하며 성장시킬 수 있다.

이제 부모 자신이 스스로 자신을 인식하고 이해하는 시간을 통해 자녀와의 관계나 타인과의 관계에 영향을 주고 있는 내면의 정서 상태를 자각 함으로서 정서를 조절하고 통제하며 긍정적인 방향으로 변화시킬 수 있도록 셀프리더십 훈련을 시작해 보자.

◆ 자기 인식을 위한 성인애착유형 탐색하기

보울비(Bowlby, 1969)의 애착이론[7]을 기반으로 바솔로뮤와 호로위

---

7) 유중근, 『애착이론 Basic』 MCI, 2018.

즈(Bartholomew & Horowitz, 1991)가 발전시킨 4가지 성인애착유형을 통해 자신의 애착유형을 관찰하고 자기 인식과 자기 성찰의 시간을 가져보자.

• 안정형

안정형은 자기긍정 & 타인긍정의 관점을 가지고 있다.

안정형은 자기 자신과 타인에게 모두 긍정적이다.

스스로 자신을 사랑받을 만한 가치가 있는 존재로 인식하고 타인에 대해서도 신뢰를 갖고 긍정적인 관점을 갖는다.

타인으로부터 오는 관심과 친밀함을 불편해하지 않으며 거절과 버림받는 것을 두려워하지 않는다. 사랑과 수용, 신뢰의 경험을 통해 타인과 부정적 상황에서도 관계를 지속시킬 수 있는 정서적 힘이 있고, 자신의 감정을 건강한 방식으로 표현한다.

이런 안정형의 성인으로부터 영향을 받은 자녀들은 부모라는 안전기지를 확보하고 안전기지를 기반으로 세상을 탐험하고 도전하며 자신이 경험한 사랑과 신뢰를 바탕으로 긍정적이고 건강한 정서 상태를 형성해 간다.

• 불안정 거부형

불안정 거부형은 자신 긍정 & 타인 부정적인 관점을 가지고 있다.

타인에 대한 부정적 관점으로, 타인을 신뢰하지 못한다.

친밀한 관계를 불편해하며 타인에게 의존하거나 타인이 자신에게 의존하려는 것을 스스로 방어하고 부담스러워한다.

자녀의 욕구보다는 자신의 욕구를 먼저 해결하려는 경향이 있고, 냉소적이고 거부적인 태도로 자녀의 요청을 거절하거나 억제시키거나 지연시키는 반응을 형성한다.

이러한 성인 유형으로부터 영향을 받은 자녀는 부모가 안전한 기지가 될 수 없다는 것을 인식하며 스스로 자신을 안전기지 삼고 안전한 상태를 확보하기 위해 불편한 감정들을 스스로 억압, 회피한다.

수용받지 못한 불안정한 경험으로 자신을 무가치하게 받아들이며, 타인에 대해 부정적 관점을 형성하고, 자신의 감정을 이해받는 경험을 획득하지 못하여 감정을 인식하고 타인을 공감하는 능력 또한 취약해질 수 있다.

• 불안정 몰두형
불안정 몰두형은 자기 부정 & 타인 긍정의 관점을 가지고 있다.
불안정 몰두형은 상대에게 친밀감을 원하지만, 자신을 무가치하게 여기는 자기 부정으로 막상 타인에게 사랑받지 못할까 봐 두려워한다.

버림받는 것에 대한 두려움 때문에 혼자 있는 것을 어려워하고, 버림받지 않기 위해 과도한 친밀감 형성을 원하며 타인에게 집착한다.

이런 성인유형에게 영향을 받은 자녀들은 자신감이 부족하고 타인에게 집착하는 경향을 보일 수 있으며 타인의 인정에 연연해하며 과도하게 타인중심적인 관계를 형성할 수 있다.

• 불안정 두려움형
불안정 두려움형은 자기 부정 & 타인 부정의 관점을 가지고 있다.
자기 자신에 대해 부정적이며, 타인에 대해서도 부정적이다.
자신을 무가치하게 여기며 타인과의 친밀한 관계를 원하지만 타인을 믿지 못하고 회피하며 친밀해진 후 자신이 상처받을까 봐 두려워한다.

이런 성인유형에 영향을 받은 자녀는 자신의 생각과 감정을 회피하고, 타인에게서 오는 친밀한 감정도 거절에 대해 두려움으로 회피하며 자신과 타인에 대한 부정적 정서가 내면화되어 근본적으로 타인과의 관계를 형성해 나가는 데 취약할 수 있다.

보울비(Bowlby, 1973)는 생애 초기 애착을 통해 만들어진 내적작동모델(internal working model)이 인생 전체에서 대인관계를 만들어가는 과정에 영향을 준다고 말한다.

불안정한 애착 관계에서 안전기지를 확보하지 못한 자녀들은 충분히 수용 받았거나 사랑받았다는 정서적 안정감이 결핍되어 있고 이런 결과는 성장 과정에서 자녀의 정서에 부정적 영향을 미칠 수 있다.

또한 자녀의 또래 관계, 사회적 관계에도 부정적 영향을 미칠 수 있으며 자신의 욕구와 존재에 대해 공감 받지 못한 감정들이 내면화되어 우울, 불안, 분노와 같은 부정적인 정서 상태가 내면화되어 긍정적 정서지능을 높이는 데 취약한 장애물이 될 수 있다.

이렇듯 부모가 가진 정서 상태가 자녀의 정서 세계에 미치는 영향을 생각할 때 부모 자신의 정서 상태를 성찰하고 인식하며 자신의 정서 세계를 아름답고 긍정적으로 가꾸어 가야 하는 중요성을 실감하게 된다.

위에 유형 들에서 자신과 비슷한 태도의 패턴이 인식되었는가?

자신을 성찰하고 부모가 먼저 긍정적인 정서 상태를 만들어 갈 수 있도록 훈련을 시작해 보자.

지금까지 만들어진 자신의 정서 상태와 성격구조물을 재구조화하기 위해 노력하자.

현재 의미 있고 소중한 대상과의 긍정적인 관계 형성을 통해서 자신의 내면화된 부정적인 정서 상태를 긍정적인 정서 상태로 변화시킬 수 있으며 셀프 코칭 훈련을 통해 자신에게 긍정적인 자기 메시지를 전달하고 사랑과 인정, 지지로 자신을 공감하고 격려하며 자신의 정서 상태를 긍정적으로 변화시킬 수 있다.

◆ 부모 수퍼리더십 코칭 훈련

부모의 수퍼리더십 역량을 강화하기 위해 셀프리더십 코칭 훈련을
시작해 보자.

부모로서 필요한 리더십의 역량을 체크해 보며 수퍼리더십의 역량
을 개발하기 위해 전략을 수립하고 실천계획과 실행훈련을 시작해 보
자.

부모 수퍼리더십 & 셀프 코칭 훈련

부모 수퍼리더십	전략 & 셀프 코칭
부모정체성 확립	1. 나는 누구인가 ? 2. 부모로서 나의 사명은 무엇인가? 3. 부모로서 철학은 무엇인가? 4. 나는 셀프리더인가?
부모리더십 역량	**1. 롤모델** 솔선수범의 모습을 보이고 있는가? **2. 교사** 도덕, 윤리, 질서, 지혜 등을 교훈하고 있는가? **3. 동기부여자** 목표를 설정하고 실천할 수 있도록 칭찬과 격려로 용기와 힘을 북돋아 주고 있는가? **4. 지지자** 응원하고 격려하는 역할을 하고 있는가? **5. 상담자** 자녀의 고민, 아픔을 공감하고 자녀의 감정을 이해하고 반영하며 자녀의 아픔이 회복되도록 돕고 있는가? **6. 코치** 자녀의 무한한 잠재력과 가능성을 믿고 스스로 문제를 해결하며 답을 찾을 수 있는 존재라는 믿음을 가지고 있는가? 경청과 질문으로 자녀의 잠재력을 이끌어 내어 스스로 성장하도록 조력하는 파트너십이 있는가?

GROW 모델 & 셀프 코칭 질문 활용하기

G 목표 (Goal)	• 내가 바라는 부모의 상은 무엇인가? • 내가 원하는 부모의 모습이 된다는 것은 어떤 의미가 있는가? • 목표가 이루어졌다고 상상해 보자. 나는 어떤 모습의 부모인가? • 목표가 이루어지면 자녀와의 관계에서 무엇이 달라지는가?
R 현실인식 (Reality)	• 목표를 생각할 때 현재 부모로서 나의 상태는 어떠한가? • 부모로서 원하는 상태를 10점이라고 가정하면 현재 상태는 몇 점인가? • 목표를 이루는 데 방해가 되는 것은 무엇인가? • 자녀와의 관계에서 지금 이상태가 앞으로 6개월 동안 지속된다면 어떻게 되는가?
O 대안 (Option)	• 바라는 부모의 모습이 되기 위해 지금 당장 무엇을 할 수 있는가? • 원하는 부모상을 만들기 위해서 자신의 무엇이 달라져야 하는가? • 목표를 이루기 위해 내가 갖고 있는 자원은 무엇인가? • 또 다른 대안이 있다면 무엇이 있나?
W 실행의지 (Will)	• 언제 계획을 실행할 것인가? • 실행할 의지를 수치로 표현한다면 몇 점 정도인가? • 실행을 다짐하면서 자신에게 무엇이라 말해 주고 싶은가?

부모 수퍼리더십 & 셀프 코칭 훈련

인식된 태도	변화를 위한 행동전략

부모로서의 사명과 정체성, 자녀양육에 대한 철학을 정립하고 질문을 통해 자신을 성찰하며 셀프리더십 훈련을 통해 수퍼 리더십 역량을 높일 수 있도록 훈련해 보자.

변화하고 성장하는 부모리더십을 만들어 가기 위해 필요한 것은 지금 이 순간부터 새롭게 시작하기로 선택하고 행동하는 것이다.

자신 내면의 정서 상태를 인식하고 정서조절 훈련과 리더십 역량을 점검하고 개발하는 부모들의 수퍼리더십이 4.0시대를 이끌어갈 우리 자녀들을 영향력 있는 셀프리더로 성장시킬 것이다.

셀프리더의
심리코칭
훈련

SELF LEADERSHIP COACHING PSYCHOLOGY

1.
자존감 격려하기

셀프리더십을 발휘하는 삶은 스스로 자신의 내면세계를 관찰하고 자신의 내면을 건강한 변화로 이끌어 가는 삶이다.

자신을 인식해 가는 과정을 통해 첫 번째 자신이 어떤 자아상을 가지고 있는지 두 번째 자기 안에 형성된 자아상과 자존감이 현재 자신의 사고, 감정, 행동패턴에 어떤 영향을 주고 있는지 탐색해 볼 수 있다.

우리는 자신에 대하여 어떤 자아상을 가지고 있는가?

내면에서 만들어지는 자신만의 독특한 세계는 유아기 때부터 의미 있는 사람과 상호작용하는 관계 속에서 조건화 되고 내면화되어 자기라는 자아상을 형성하게 된다.

현재 우리는 자신이 가지고 있는 자아상과 자존감을 기반으로 하여 블록을 쌓아 올리듯 자기 자신을 만들어 가고 있다.

이렇게 만들어진 자기라는 존재를 스스로 발견해 나가면 우리는 내면의 자아를 만나게 되며 참자기를 만나고 자신을 수용하는 과정을 통해 좀 더 성숙한 자신으로 성장해 나갈 수 있다. 자기라는 존재를 만나고 자신을 수용하면서 변화는 시작되고 보다 건강하고 아름다운 자아상과 자존감을 형성해 나가기 위해 노력할 수 있다.

◆ 자신의 자아상 관찰하기

자기 개념은 자신의 생각과 감정, 능력, 태도 등을 포함하여 총체적으로 자신에 대하여 스스로 인식한 개념이고 자신의 사고와 행동의 원천이 되며 자기 안에 자신과의 관계뿐만 아니라 타인과의 관계를 형성하는 데 기본이 된다.

눈을 감고 거울 앞에 선 당신의 모습을 상상해 보라!

어떤 모습이며, 어떤 이미지인가?

우리는 의식하든 의식하지 못하든 자신에 대한 어떤 자아상을 가지고 있다.

자아상은 자신에 대한 의식 또는

관념이며 또한 스스로 자신을 그린 자화상이다.

우리는 자신에 대해 어떻게 생각하고 있는지 관찰해 보자.
자신에 대한 자아상은 긍정적인가? 아니면 부정적인가?

긍정적 자아상	부정적 자아상
• 자신을 소중하고 가치 있게 느낀다.	• 자신을 신뢰하지 못한다.
• 타인의 평가를 두려워하지 않는다.	• 타인의 평가를 두려워한다.
• 실패한 자신을 격려한다.	• 타인의 칭찬을 신뢰하지 않는다.
• 자신을 신뢰한다.	• 실패가 두려워 도전을 포기한다.
• 있는 그대로의 자신을 수용한다.	• 자신을 무가치하게 여기고 비난한다.

위에서 자신의 자아상을 점검해 보았다면 긍정적 자아상에 대한 자신의 태도는 지속적으로 강화시키고, 부정적인 자아상이 점검되었다면 이제부터 긍정적인 자아상을 만들어 가기 위해 훈련을 시작해 볼 수 있다.

중요한 것은 이미 형성된 자아상을 긍정적 자아상으로 변화시킬 수 있다는 믿음을 가지고 자신과의 대화를 시작해야 한다.
평생에 걸쳐서 우리의 자아상은 변화될 수 있다.
자신이 어떤 자아상을 가지고 지금까지 살아왔으며 자신의 자아상이 자신과 타인과의 관계에 어떤 영향을 미치고 있었는지를 자각하고 셀프리더십을 발휘하여 긍정적 자기로 변화를 시작해 보자.

◆ 자존감 격려 훈련

자신의 존재가치를 실현시키고 건강한 자기로 살아가며 타인과의 건강한 관계를 형성하기 위해 필요한 것은 자신의 자존감의 상태를 점검하고 건강한 자존감으로 회복할 수 있도록 자신의 자존감을 격려하는 일이다.

자존감은 사전적 의미로 '자신을 존중하고 사랑하는 마음'이라고 말한다.
자존감은 자신의 가치와 존재에 대한 주관적인 평가와 인식으로 스스로 자신을 사랑받을 만한 존재이고 가치 있는 존재로 인식하는 것이다.

자존감이 형성되는 과정에서 의미 있는 부모나 선생님 주변의 타인들이 자신의 자존감을 형성하는 데 영향을 주었다 하여도 가장 중요한 사실은 지금 현재 자존감의 주인이 우리 자신이라는 것이다.

살아가면서 순간순간 자존감이 힘을 잃고 우리 자신이 휘청거릴 때 자존감을 스스로 격려하며 자신의 존재 안에 깊이 닻을 내리고 폭풍과 같은 삶 속에서 자존감을 지켜야 할 당사자는 우리 자신이다.

당신 안에 있는 자원에 주목해 보라!
당신만의 고유성에 주목해 보라!

자신 안에 있는 모든 경험을 자원 삼고, 스스로 자존감을 지키고 자존감을 격려해 보자!

자신만의 강점, 자신의 색깔, 자신만의 고유성을 발견하고 존중하며 그대로의 모습을 사랑하고 스스로 격려하면서 자존감을 높이기 위해 오늘부터 셀프리더십을 발휘해 보자!

자신에게 질문해 보자!

나는 내 자신을 존중하고 사랑하는가?
나는 내 자신을 격려하는가?

지금 이대로의 모습을 수용하고 존중해주자.
여기까지 와 준 당신을 스스로 안아주고 격려해 주자!
우리 자신을 보듬어 주고 인생에 주인공인 당신이 자존감의 날개를 활짝 펴고 날아오르도록 스스로 자신의 자존감을 격려해 주자!

2.
강점에 초점 맞추기

셀프리더십을 발휘하여 자신이 원하는 목표를 성취하는 삶을 살아가기 위해서는 자동차를 움직이는 연료처럼 자기 효능감의 에너지가 필요하다.

자신을 이끌어 원하는 목표지점에 가는 과정에서 자신에 대한 사랑과 해낼 수 있다고 믿는 믿음은 우리가 멈추지 않고 앞으로 나아가게 하는 동력이 된다.

자기 효능감은 심리학자 앨버트 반두라(Albert Bandura, 2001)가 제시한 개념이며 자기 효능감(self-efficacy)은 "자신이 해낼 수 있다는 자기 능력에 대한 믿음"이라고 정의했다.

자기효능감은 과거 경험이 영향을 미친다. 이전에 성공 경험들이 많았다면 자신에 대한 신뢰감이 형성되어 자기 효능감 또한 높아질 수

있는 반면, 실패를 많이 경험했다면 자기 효능감이 낮을 수 있다.

그러나 실패 속에서도 긍정적 교훈을 만들고 지금 부터라도 작은 일에 성취감을 맛보는 작은 성공 경험들을 쌓아 간다면 자기 효능감을 높일 수 있다.

작은 목표라도 하나하나 이루어 갈 수 있도록 계획하고 실천해 가면서 성취감을 경험하고, 과거 성공 경험들을 떠올려 자신이 해낼 수 있었던 힘은 무엇이었는지 발견하고 자신의 성공 자원을 자기 효능감을 높이는 연료로 사용할 수 있다.

또한 아직 이루어지지 않았지만 미래에 성공한 자신의 모습을 자주 상상하고 떠올려 보라.

자신이 원하는 목표가 이루어진 성공 그림을 상상하며 성공 경험을 미리 오감으로 느끼고 긍정 에너지로 자신을 응원하는 과정도 자기 효능감을 높이는 데 도움이 된다.

그동안 우리가 알았던 이론적인 자기 사랑과 믿음이 자신에게 진정한 영향력을 발휘하여 자기 효능감을 높일 수 있도록 우리 자신을 신뢰하고 격려하며 훈련해 보자.

◆ 강점에 초점 맞추기

지난 과거 경험을 통해 스스로 성취를 느끼며 성공을 경험했던 기억들을 떠올려 보자.

칭찬을 받았거나, 상을 받았거나, 스스로 성취감을 느꼈던 경험들을 떠올려 보고 그 성공 경험 속에서 그 일을 해낼 수 있게 했던 내 안에 힘이 무엇이었는지 자신만의 강점과 탁월성을 발견하고 개발시켜 보자.

1. 지난 과거부터 현재까지 떠올리며 성취를 느끼며 칭찬을 받았거나 스스로 만족했던 성공 경험을 작성해 본다.
2. 성공 경험 속에서 그 일을 해낼 수 있었던 자신의 내면의 힘이 무엇이었는지 자신의 강점과 탁월성을 탐색해 보고 작성해 본다.

3. 자신의 강점과 탁월성을 더욱 개발시켜 삶의 현장에서 효과적으로 사용할 수 있도록 실행계획을 세워 본다.

셀프리더의 강점 & 탁월성 찾기[8]

성공 경험	강점 & 탁월성
KPC 인증코치 자격 취득	끈기, 도전
코칭학회 코칭강사 자격취득	열정, 성실함
선교 방송 활동	섬김, 이타심

셀프리더의 강점 & 탁월성 찾기 & 작성편

성공 경험	강점 & 탁월성

---

8) 모티베이션 코칭, 『셀프리더십 코칭 전문가 자격과정』 2016 참고.

3.
나를 이끄는 힘 가치 찾기

◆ 나를 이끄는 힘 내 안에 숨겨진 가치들은 무엇인가?

셀프리더십을 발휘하여 자신이 원하는 목적을 이루는 삶을 살기 위해서는 자신의 추구해온 가치가 무엇인지 탐색해 보고 앞으로 삶의 가이드라인이 되어 줄 가치들을 명료화해야 한다.

가치는 자신의 정체성을 더욱 선명하게 발현시키며 사명을 이루도록 움직이는 힘이 되고, 가치는 삶의 방향을 설정하고 의사결정의 지침이 된다.
우리는 그동안 추구했던 가치들로 순간순간을 선택하고 결정하여 지금의 모습으로 존재하고 있다.

우리 안에는 자신의 존재 자체를 발현시키는 우리가 추구하는 가치들이 있다.

우리 내면에서 우리를 역동시키는 가치들을 발견하고 자신의 삶에 기준이 되도록 가치들을 정립해 보자.

첫 번째 일차적 핵심 가치는 이 세상을 어떤 존재로서 어떤 사람으로 살아가고 싶은가?

두 번째 이차적 하위유형의 가치들은 목적을 이루는 삶을 살아가기 위해서 어떤 가치를 선택하며 살아갈 것인가에 대한 물음이다.

첫 번째, 먼저 나의 존재를 발현시키는 핵심가치를 명료화해 보자.

나의 존재를 발현시키는 핵심가치 찾기

감각적	낙관적	이성적	설득력	끈기	자유	용기	카리스마	활력
체계적인	재치	진지함	쾌활함	감성적	공감	섬세함	조화	섬김
적극적	탁월함	강인함	논리적	신뢰	솔직함	적응력	친화력	강인함
평안	이타심	전문성	리더십	개방적	지혜	추진력	의리	융통성
결단력	신중함	의지력	창의성	겸손	사랑	책임감	도전정신	안정적
목표지향	모험적	정직	공정함	따뜻함	분석적	이해력	탐구심	정확함
책임감	포용력	균형	통찰력	열정적	이해심	총명함	정의로움	헌신
탁월성	명랑함	독립적	긍정적	인내	낭만적	절제	여유로움	협력
기쁨	명석함	예술적	완벽함	주도적	충성	호기심	평정심	유연성
친절	용서	온유함	자신감	모범적	명확함	감사	우정	탐구심
프로정신	결단	진정성	영성	성장	정의	충성	영향력	소통

소중하게 생각하는 핵심가치와 의미를 작성해 보자!

핵심가치	핵심가치의 의미

핵심가치 & 성장 실행계획

핵심가치	실행계획 & 성장코칭

1. 핵심가치와 그 가치의 의미를 정리해 보자.

2. 작성한 핵심가치를 더 성장시킬 수 있도록 실행계획을 작성해 보자.

두 번째, 이차적인 하위 개념의 가치들도 점검해 보자.

가치는 목표를 달성하도록 인도하는 가이드라인이다.

가치는 목표를 이룰 수 있도록 선택하고 행동하게 만드는 힘이다.

어떤 곳에 돈을 투자하고 시간을 투자하고 있는가?

당신이 꿈꾸는 당신의 목적한 삶에 합당한 가치들을 선택하고 있는가?

당신의 시간, 만남, 관계, 금전, 열정, 감정, 에너지, 이런 가치들이 당신의 인생의 목적과 한 방향으로 정렬되어 있는가?

나를 움직이게 하는 가치 목록 작성하기

∨ 내가 소중하게 생각하는 것들은 무엇인가?	
∨ 나는 주로 시간을 어디에 많이 사용하는가?	
∨ 나는 주로 어떤 일에 물질을 사용하는가?	
∨ 내가 만나는 사람들은 누구인가?	
∨ 나는 지금 무엇에 몰입하고 있는가?	

변화하고 싶은 가치 목록	변화를 위한 실행계획

1. 소중하게 생각하는 가치들이 목적한 삶의 방향과 한 방향으로 정렬되어 있다면 이 가치들은 우리의 목적을 이루도록 지침이 되어주고 지탱할 수 있는 힘이 되어 줄 것이다.
2. 삶의 목적과 다른 방향의 가치들이 발견되었다면 자신의 목적에 맞는 가치로 조정하는 작업을 진행해 볼 수 있다.
3. 가치들을 더 성장시키기 위해 무엇을 해야 할지 계획을 작성하고 실천해 보자.

4.
마음 근육 키우기 앵커링 훈련

인생을 살아가다 보면 우리의 삶은 바다의 상태와도 같다.

때론 잔잔한 물결이 때론 거센 파도가 때론 폭풍 속에 거대한 파도가 바닷가를 삼키듯 우리의 마음의 상태에도 감정의 파도가 몰아칠 때가 있고 이때 우리의 생각과 감정이 부정적 감정의 소용돌이 속에 휘말리지 않도록 우리의 마음에 닻을 내릴 수 있다.

폭풍과 파도 속에서 배가 심하게 흔들릴 때 파도에 휩쓸려 가지 않도록 닻을 바다에 내려 정박 시키듯, 우리의 마음의 상태에 닻을 내리는 앵커링 이란 기법이 있다.

앵커는 사전적 의미로는 닻(Anchor)을 의미하는데, 우리의 마음에 상태에도 닻을 내려 긍정적이고 행복한 상태로 마음을 변화시키는 훈련을 해 나갈 수 있다.

우리 안에는 의식하지 못하지만 이미 많은 부분에 닻이 내려져 있다.

어린 시절 부모님과 같이 찍은 사진을 보며 그때의 기분을 느끼며 음악 소리나 목소리, 향수나 향기에서, 누군가와 접촉되는 순간 속에서 과거의 기억이 떠오르고 그 순간 기억과 경험에 연관된 기분에 빠져들어 자신의 상태가 순간 변화되는 경험한 적이 있었을 것이다.

이와 같은 원리로 우리는 가장 행복했던 순간의 기억을 우리의 내면과 신체 또는 물건과 같은 것에 앵커링하여 부정적인 상태에 있을 때 그 기억과 감정을 이끌어내어 긍정적인 정서 상태로 변화시킬 수 있다.

◆ 셀프리더의 앵커링 훈련

우리 자신에게 질문해 보자. 나는 어디에 닻을 내리고자 하는가?

우리의 자존감, 사명감, 정체성, 목적의식에 단단히 닻이 내려져 있는가?

빠르게 변화하는 환경, 예상치 못한 상황들, 우리의 삶의 상황가운데서 요동치기도 하지만 그럼에도 불구하고 목적지를 향해 항해를 해나갈 수 있도록 진정으로 가치 있는 것들에 닻을 내릴 수 있다.

자신의 가치와 신념에 도전이 올 때 더 단단하게 자신의 정체성과 사명감에 닻을 내려 타협하지 않으며 가치와 신념을 지켜 낼 수 있으며, 삶의 방향에 혼란을 겪을 때 자신의 목적의식에 단단히 닻을 내려 자신이 살아가는 이유를 확고히 하고 혼란스러운 상황 가운데서 삶의 방향을 설정하고 담대히 나아갈 수 있을 것이다.

또한 요동치는 어려운 삶의 상황과 환경이 우리를 엄습해 올 때 우리는 그동안 우리 안에 차곡차곡 쌓아 둔 행복했던 순간들의 경험들에 닻을 내려 그때에 그 기억, 감정, 느낌, 에너지를 다시 꺼내 지금 이 순간을 극복하는 긍정적인 에너지로 사용할 수 있다. 이제 우리가 때 필요할 닻을 내려 필요할 때 꺼내 쓸 수 있도록 우리 삶의 경험의 보물 창고를 정리해 보자.

긍정경험에 닻 내리기 훈련

1.긍정적인 경험	2. 기억 느낌, 감정 서술하기

1. 그동안 행복했던 사건 또는 성공 경험을 구체적으로 떠올려 본다.
2. 그때 느꼈던 기억, 느낌, 감정, 신체적 반응까지 구체적으로 서술한다.
3. 자신감, 긍정적 에너지가 필요할 때마다 구체적인 기억들을 다시금 떠올리며 충만하게 그때의 느낌, 감정, 신체적 기억까지 다시금 느끼고 경험해 본다.

5.
생각의 패턴 바꾸기

　끊임없이 셀프리더십을 발휘하여 자신의 사고와 감정, 행동 패턴을
관찰해 보자.

　자신의 감정과 행동을 불러일으키는 자신만의 독특한 사고패턴이
있다.

　우리에게는 무의식 동기에 의하여 형성되어 있는 습관화된 패턴이
있고 의식하려고 노력하지 않으면 평생 그림자처럼 숨어서 우리를 작
동시킨다.

　대인관계에서 항상 상처받는 순간들은 패턴이 있고, 자극과 반응 사
이에 열등감이 올라오는 감정에도 패턴이 있고 분노하는 상황을 일으
키는 패턴이 있다.

　우리는 사건은 다르지만 비슷한 상황에서 넘어지고 넘어진 자리에
서 또 넘어짐을 경험한다.

미해결된 자신의 욕구와 상처, 억압된 감정, 상대에 대한 기대, 단단히 굳어진 신념 등 이러한 요소들을 스스로 인식하고 자각할 수 있다면 생각과 감정과 행동으로 연결되는 패턴의 고리를 찾을 수 있다.

또한 그 생각에서 좀 더 합리적인 생  각으로 관점을 전환해 나아갈 수 있으며 긍정적이고 확장된 사고의 힘을 키우며 다시 비슷한 사건들 앞에서도 대응할 수 있는 힘을 기를 수 있다.

나는 사건을 어떻게 해석하는가?
나는 어떤 감정을 느끼는가?
그래서 나는 어떻게 행동하고 있는가?

심리학자 알버트 엘리스(Albert Ellis, 1962)의 ABC 모델은 사람들이 고통받고 부적응을 겪는 것은 일어난 사건 때문이 아니라 그 사건의 의미를 해석하는 개인의 신념 때문이고, 사건에 대한 해석에 따라 결과가 달라진다고 말한다.

A(Activate event)	촉발된 선행사건
B(Beliefs)	합리적 신념 vs 비합리적 신념
C(Consequences)	결과

우리의 모든 행동은 매 순간마다 생각하고 판단한 결과에 의해 움직이는 것이 아니라 나도 모르게 형성된 자동적 사고에 영향을 받는다.

만약 습관화된 정서적 사고패턴이 합리적이면 똑같은 사건 앞에서도 긍정적으로 건강하게 의미를 해석할 수 있지만 자신의 신념이 비합리적이라면 그 신념의 작동 안에서 의미가 해석될 때 부정적 감정과 결과를 만들 수 있다.

이러한 패턴을 변화하는 과정에서 첫 번째 노력은 우리 자신의 사고를 자각하는 것이며 스스로 변화하고자 하는 의지와 훈련이 필요하다.

ABCDEF 모델[9]을 활용한 셀프 코칭 훈련

ABCDEF 모델	코칭 프로세스(사건-신념-결과-논박-새로운 접근-미래 초점)
A (Activate event) 촉발된 선행사건	취업 면접 탈락
B (Beliefs about A) 사건에 대한 신념	나는 반드시 면접에서 합격해야 했어. 면접에서 떨어진 나는 가치 없는 인간이야. 더 이상은 내 인생에는 희망이 없다. 사람들은 모두 나를 싫어한다.

---

9) 스티븐 팔머, 엘리슨 와이브로, 정석환 역, 『코칭심리학』 코쿱북스, 2016, p.164-165.

C (Consequences) 결과	앞으로 면접 보는 것이 두렵다. 다시는 면접을 안 볼 것이다. 모든 사람에게 화가 난다. 면접관들은 모두 나를 싫어한다. 내 자신이 싫다.
D (Disputation) 논박	B의 비합리적 신념에 대한 논박 그동안 노력하면서 열심히 여기까지 왔잖아. 면접에서 떨어졌다고 가치 없는 사람이 되는 것이 사실일까? 면접은 너에 인생에 하나의 사건이 될 수는 있지만 네게 전체 나 전부는 아니잖아. 희망은 너에게 어떤 의미니? 면접시험에 떨어지면 너에 인생에 희망이 없는 것이 사실일까? 면접에 탈락은 했지만, 모두 너를 싫어한다는 것이 사실일까?
E (Effective new approach) 효과적인 새로운 접근	이번에 탈락을 통해 얻은 교훈이 있어. 이번 경험을 발판 삼아 다음에는 더 잘 할 수 있을 거야. 탈락의 경험은 앞으로도 있을 수 있지만 탈락이 실패는 아니잖 아. 새롭게 도전하자.
F (Future focus) 미래의 초점	다음 면접 때는 더 당당하고 자신 있게 면접에 임할 수 있다. 나는 경험을 통해 더욱 강해지고 성장할 것이다. 결과에 연연하지 않고 나는 최선을 다할 것이고 더 성장한 모 습으로 면접에 임할 것이다.

팔머(Palmer, 2002)의 ABCDEF 코칭모델을 적용하여 사건을 비합리적으로 해석하는 신념을 논박하여 보다 합리적인 사고로 변화할 수 있도록 훈련해 보았다.

사건들의 의미를 해석하는 자신의 신념을 관찰하고 자동적으로 해석되는 순간 우리 자신에게 스스로 질문하라. 그리고 반박하라.

좀 더 새로운 긍정적 관점을 만들며 자신의 생각 안에 있는 의도와 욕구, 감정을 읽어주고 스스로에게 격려와 응원의 메시지를 전하며 셀프 코칭 훈련을 시작해 보자.

자동적으로 생각하는 습관화된 비합리적 신념들이 있는지 관찰해 보고 합리적 신념으로 변화시킬 수 있도록 셀프 코칭 훈련을 시작해 보자.

습관적인 비합리적 신념 찾기	합리적 신념으로 변화시키기

우리를 감사와 행복으로부터 분리시키고 가능성과 도전으로부터 우리를 가두었던 부정적 사고의 습관화된 패턴들을 스스로 인지하고 자각할 때 우리를 지배하던 무의식적 습관의 패턴을 찾을 수 있고, 그 패턴을 유턴시킬 수 있다.

지금부터 셀프리더십을 발휘하여 무의식 속에서 당신을 지배하던 사고패턴을 찾아 스스로 셀프 코칭해 보자.

6.
긍정언어로 행동디자인하기

"생각을 바꾸면 행동이 바뀌고, 행동이 바뀌면 습관이 바뀌며, 습관이 바뀌면 운명이 바뀐다."

- 윌리엄 제임스(William James)

행동의 변화를 꿈꾼다면 우리는 자신의 생각과 말의 패턴을 스스로 관찰하고 인식해야 한다.

습관적으로 사용하는 말을 바꾸는 것만으로 자신의 삶을 변화시키고 자신이 원하는 삶을 살 수 있다.

우리가 습관처럼 사용하는 단어들을 생각해 보자.

우리 자신에게 어떤 생각과 언어들을 선물하고 있는가?

가장 소중한 가족과 소중한 사람들에게 어떤 언어를 선물해 주고 있고 있는가?

긍정적이고 용기를 주며 희망을 주는 언어들을 사용하고 있는가?

철학자 지그 지글러는 "당신의 마음속에 무엇이 들어 있는가가 현재의 당신을 만든다."라고 말했다.

생각과 말은 그 사람의 가치와 신념을 형성하고 감정을 좌우하게 하며 가치와 신념에 따라 우리는 매일 행동하게 되고 그 결과가 삶의 태도와 모습으로 나타난다.

결국 생각과 언어는 우리의 행동을 움직이게 하는 사령관이다!

우리 마음에 가득 찬 언어들을 무엇인가?

당신이 즐겨 사용하는 언어는 무엇인가?

우리 자신이 하는 무의식적 생각도 언어이다.

만약 '화가 났어!'라고 생각해 보라. 결국 이 생각은 음성으로 하지 않은 비언어지만 우리의 뇌에서는 화가 났다는 생각을 언어로 부호화하여 신경계에 신호를 보낸다.

우리가 무의식 속에 하는 생각들, 그리고 표현하는 언어들이 우리를 움직이고 있다.

또한 타인에게 화가 났든 자신에게 화가 났든 뇌는 자신의 것으로 그 정보를 받아들인다.

결국 타인을 향한 생각들, 언어들도 부메랑처럼 우리에게 돌아와 자신의 생각과 감정과 행동에 영향을 주게 되는 것이다.

이제 우리 안에 프로그래밍 되어 우리를 반응하게 하는 언어를 변화시킴으로써 우리의 행동의 패턴을 변화시켜 보자.

말은 자신을 사랑하는 자기 사랑의 시작이며 우리의 인격을 표현하는 대표적인 도구다.

또한 말이 자신의 가치와 신념을 형성하는 데 막대한 영향을 주며 우리의 감정과 정서를 경영하는 도구이다.

평소에 사용하는 말이 자신과 타인에게 희망과 용기를 북돋아 주는 말인지 자신과 타인을 상처내고 부정적인 영향을 주는 말인지 우리 자신을 관찰해 보자.

긍정단어 vs 부정단어[10]

긍정단어	부정단어
행복, 사랑, 화평, 용기, 평강, 따뜻함, 성취, 감사, 평화, 믿음, 진실, 미소, 희망, 즐거움, 진실, 우정, 신뢰, 기쁨, 헌신, 칭찬, 인정	불안, 두려움, 실망, 포기, 비판, 절망, 상처, 긴장, 고통, 거짓말, 죽음, 위협, 긴장, 비극, 파멸, 실패, 전쟁, 분노. 성난, 비열한

긍정단어와 부정단어를 소리 내어 읽어보고 자신의 감정 상태가 어떠한지 인식해 보자.

∨ 부정적인 단어를 읽고 부정단어가 주는 감정과 느낌, 기분 상태는 어떠한가?

∨ 다음은 긍정적인 단어를 읽고 긍정단어가 주는 감정과 느낌, 기

---

10) 모티베이션 코칭, 『셀프리더십 코칭 전문가 자격과정』 2016 참고.

분 상태는 어떠한가?

∨ 긍정과 부정의 단어들을 통해 당신의 신체에는 어떤 반응들이 느껴지는가?

나의 언어 패턴 찾기

오늘 사용한 긍정언어	오늘 사용한 부정언어

부정적인 언어 습관	긍정적인 언어로 변화시키기

1. 오늘 사용한 긍정언어와 부정언어들을 적어보자.
2. 습관처럼 자주 사용하는 부정 언어를 발견하고 긍정 언어로 변화시켜 보자.
3. 부정적 언어를 사용할 때 '알아차림' 훈련을 시작하자.

긍정언어로 새로운 패턴 만들기

가능성 언어 패턴 만들기	나는 할 수 있다. 나는 해낼 것이다. 나의 가능성을 믿는다.
탁월성 언어 패턴 만들기	나는 소중하다. 나는 가치 있다. 나 자신을 신뢰한다.
희망 언어 패턴 만들기	나는 바란다. 나는 기대한다. 나는 간절히 원한다.

생각과 언어는 습관화된 패턴을 가지고 있고 패턴을 변화시키기 위해서는 자신의 패턴을 인식하고 새로운 패턴을 형성하도록 노력해야 한다.

긍정 언어를 통해 부정적인 사고패턴을 변화시키고 재 구조화 시킴으로써 긍정적인 사고와 감정, 행동패턴을 만들어 갈 수 있다.

이제 셀프리더십을 발휘하여 자신의 언어의 패턴을 인식하고 긍정적 언어의 사용, 긍정적 언어의 명령을 통해 우리 내면을 행복 언어 패턴으로 아름답게 채워 보자.

7.
셀프리더의 스트레스 관리

어떻게 하면 꿈과 비전을 이루는데 스트레스와 함께 뛰는 친구가 될수 있을까?

스트레스가 무조건 나쁜 것일까?

많은 사람들이 스트레스를 받고 또 스트레스를 해소하기 위해 시간과 물질을 투자하고, 해소하면 다시 쌓이는 스트레스로 스트레스를 받고 있다.

사람이 스트레스를 다스리고 관리하는 것이 아니라 스트레스가 사람을 관리하는 지경에 이르고 있다.

그렇다면 우리 각자에게는 스트레스란 어떤 존재로 다가와 있을까?

스트레스를 관리하지 못하고, 담아 놓은 감정이 우리 안에서 화병을 만들고 사람과의 관계를 깨트리고 우리 자신과 타인을 멍들게 한다.

자신의 삶에 필연적으로 다가오는 스트레스에 지배당하는 삶이 아니라 스트레스가 성장에 자원으로 사용될 수 있도록 긍정적 영향력을 스스로에게 행사하여 스트레스를 경영할 수 있도록 셀프리더십을 발휘해 보자.

삶의 상황에서 능력 부족으로 오는 좌절감, 도저히 내 힘으로 해결할 수 없고 통제할 수 없다고 판단한 상황에서 오는 불안과 두려움, 그로 인해 우리 안에 만들어지는 충돌되는 에너지가 스트레스다.

결국 스트레스란 "요구하는 능력 수준과 자신이 해낼 수 있는 능력 수준 간에 불균형을 스스로 인식할 때 내부에서 일어나는 심리적·생리적 반응"이라고 할 수 있다.

캐나다 몬트리올 대학의 내분비학자 한스휴고 브루노셀리 박사는 지금 당장은 힘이 겨워도 잘 대응하면 성장의 에너지가 될 수 있는 스트레스는 '유스트레스(Eustress)'이고, 불안이나 우울 등의 증상을 일으킬 수 있는 스트레스는 '디스트레스(Distress)'로 분류하였다.

셀프리더십을 발휘하는 사람에게 스트레스란 무조건 나쁜 것만은 아니다.

적당한 스트레스는 오히려 우리를 자극해서 원하고 목표하는 바를 이루는 원동력이 되어 우리의 성장을 도울 수 있게 된다.

또한 과도한 기대나 욕심 우리의 능력으로 해결할 수 없는 요구와 자극에서 오는 불안하고 우울한 디스트레스 또한 문제를 바라보는 우리의 관점과 태도를 변화시키는 인지 훈련을 통해 스트레스를 경영해 나갈 수 있다.

◆ 생각근육을 키우는 인지 훈련

심리학자 라자러스(Lazarus)는 스트레스를 대응하는 인지적 평가에 의해 자신에게 좋은 스트레스로 작용될 수도 있고 나쁜 스트레스로 작용될 수도 있다고 말한다.

스트레스에 대한 자신의 인식과 평가에 따라 생리적 · 심리적 스트레스의 반응은 달라지는 것이다.

스트레스 상황 시 그 문제를 부정적으로 해석하거나 또는 긍정적으로 해석하는 것에 따라 우리가 반응하고 대처하는 행동패턴은 달라지기 때문이다.

스트레스를 경영하여 스트레스가 변화와 성장을 돕는 유스트레스로 전환되기 위해서 가장 우선되어야 하는 것은 스트레스를 대응하는 자신의 관점과 태도를 변화시키는 훈련이다. 셀프리더십을 발휘하여 스트레스를 경영할 수 있도록 오늘부터 시작해 보자.

① 스트레스, 성장 자원으로 전환시키자!

셀프리더십을 발휘한다는 것은 자신의 감정을 인식하고 감정을 조절하고 스스로 관리하는 것이다. 우리에게 노출된 환경은 우리에게 많은 자극을 준다.

우리가 편안하고 즐겁다고 생각되는 환경에서는 스트레스가 잠을 자고 있지만 무엇인가 능력을 요구하는 환경 목표를 설정하거나 꿈을 이루기 위해 도전할 때 스트레스란 친구처럼 우리에게 다가올 수밖에 없는 것이다.

왜냐면 목표를 이루는 일, 꿈을 향해 도전하는 일은 현재보다 상위 레벨의 능력과 에너지를 원하기 때문이다.

이제 스트레스에 대한 우리의 관점과 태도를 변화시켜 보자.

스트레스는 우리의 꿈과 목표를 이루는 곳에 함께 있는 파트너이다.

이제부터 스트레스를 적절히 잘 조절하고 사용하여 꿈을 이루는 동력의 에너지로 만들어 보자.

② 스트레스를 관리할 수 있는 생각근육 만들기 훈련[11]

1) 컨트롤 가능한 문제를 적어본다.

2) 자신의 능력으로 컨트롤 불가능한 문제를 적어본다.

①은 변화 가능하도록 훈련한다. ②는 수용하도록 훈련한다.

컨트롤 가능	컨트롤 불가능
1.	2.

∨ 인지적 훈련을 통해 스트레스를 유발시킨 사건을 두고 현재 자신의 능력으로 컨트롤 가능한지 여부를 생각해 본다.

∨ 컨트롤 가능한 사건들은 1번에 작성하고, 현재 상황에서 도저히

---

11) 허흔, 이영 외, 『업무 및 대인관계 스트레스의 이해』 한국 교육컨설팅연구소, 2013.

불가능한 사건들은 2번에 작성한다.

∨ 2번에 작성된 사건들의 내용은 스스로 현재 불가능한 일로 수용하도록 노력한다.

컨트롤 불가능	컨트롤 훈련
1.	2.

∨ 또다시 이런 상황이 왔을 때 2번 상황을 적절하게 대응하며 조절 가능하도록 노력해야 할 것들을 생각해 보고 점진적으로 훈련해 본다.

8.
내 삶의 운전자 되기

당신의 인생에 운전자는 누구인가?

스스로 자신의 인생에 운전자가 되어 원하는 방향으로, 원하는 속도로 자신의 삶을 이끌어 가기 위해서는 우리의 사고와 감정 행동을 작동시키는 우리 내면의 에너지들을 점검할 필요가 있다.

평생을 자신과 함께 하고 있는 자신의 성격이 자신의 인생에 운전가되고 있는 것은 아닌가?

우리가 가진 독특한 우리만의 성격은 자신이 세상을 살아가는 생존전략이다.

성격이 자신을 나타내는 삶의 태도, 방식이지만 우리 자신은 성격보다 더 큰 존재이며 자신의 성격을 이해할 때 자신의 성격을 조절하고 개발할 수 있다.

　사람들은 흔히 성격은 못 고친다고, 성격대로 살아간다고 말하지만 우리 자신은 성격보다 큰 존재로서 자신의 성격을 인식하고 우리가 성격의 고삐를 잡고 성격을 조절하고 이끌어 가도록 점진적으로 자신을 계발해 나갈 수 있다.

　우리 내면의 세계 안에는 우리가 어떤 행동을 하게 하는 무의식적 내적 압력이 있고 이를 심리학의 한 분야인 교류분석에서는 '드라이버'라는 용어로 정의한다.

　교류분석 이론에 기반을 둔 DRIVER 성격 & 업무유형검사[12]지의 내용을 기반으로 무의식적으로 우리를 행동하도록 만드는 내적 압력들을 통찰해 보고 자신을 분석하여 자신과 타인을 이해하고 더욱더 건강한 대인관계를 해 나갈 수 있도록 훈련해 보자.

　드라이버에는 다음과 같은 5가지의 유형으로 나눈다.

• PP(Please People) - 타인을 즐겁게 하라

　PP의 마음에는 "독단적이거나, No라고 말하지 말라." 등과 같은 내

---

12)　김용민 외 2명, 『DRIVER 성격 & 업무유형검사』, MCI, 2015.

면의 소리가 자리 잡고 있다.

PP의 의사소통 방식은 감정의 문이 먼저 열리고 생각하고 그리고 행동한다.

PP는 보살피는 사람이며 공감능력과 직관력이 뛰어나고 타인의 감정을 고려하여 행동하며 타인을 격려한다.

PP는 타인의 인정이나 승인이 중요하며 타인의 비난을 두려워하며, 친절하지만 친절 안에는 타인의 인정에 대한 욕구가 강하다.

때론 타인이 필요한 것이 아니라 자신이 원하는 것을 해줄 수 있고 타인의 영역을 침범하여 불편하게 할 수 있다.

• TH(Try Hard) - 열심히 하라

TH의 마음에는 "만족하지 말라, 풀어지지 마라."와 같은 내면의 소리가 자리 잡고 있다.

TH의 의사소통 방식은 먼저 행동의 문이 열리고 감정을 느끼며 그 다음 생각한다.

TH는 창의적인 사람이며 일을 찾아서 열정적으로 시작하고 아이디어가 많으며 투지가 있고 고귀한 목적을 가지고 일한다. 잘못된 일을 바로잡고 약자의 편에 서는 경향이 있다.

TH는 성공보다는 시작에 관심이 많고 다른 일에도 에너지를 많이 쏟아 목표는 달성하지 못할 수 있으며 끊임없이 앞으로 나아가려고 하고 어디에 있든 만족하지 못한다. 그래서 무언가를 바꾸거나 새로운 것을 시도하려고 하며 자신의 무책임함을 받아들이기 어려워 환경을 탓하기도 한다.

• HU(Hurry up) - 서둘러 하라

HU의 마음에는 "길게 하지 마라, 시간을 낭비하지 마라."와 같은 내면의 소리가 자리 잡고 있다.

HU는 빨리하는 것이 중요하고 효율적인 사람이며 지금 여기에 삶에 머무는 것을 두려워한다.

적은 시간과 노력을 투자해서 많은 효과를 거두려고 하며 경제적이고 업무의 마감 시간에 효과적으로 반응하며 바쁠 때 일을 더 잘한다.

HU는 한 번에 많은 일을 처리하고 일을 서두르기 때문에 실수를 할 수 있다.

약속 모임에 임박해서 출발하여 정각에 도착하는 편이나 모임에서 일찍 나오기 때문에 진지한 대화를 나눌 시간이 부족하다.

• BP(Be Perfect) - 완벽하게 하라

BP의 마음에는 "실수하지 마라, 방심하지 마라."와 같은 내면의 소리가 자리 잡고 있다.

BP의 의사소통 방식은 먼저 사고의 문이 열리고 감정을 느끼고 그다음 행동한다.

BP는 완벽하고 정확한 것이 중요하며, 실수하는 것을 두려워하고 통제적인 사람이다.

완벽과 정확성을 추구하며 철저하게 준비하고 세부 사항에 주의를 기울이며 논리적이고 설득적이다.

BP는 기준이 높기 때문에 현재 상태에 만족하지 않으며 일을 구조화하여 체계적이고 조직적으로 올바르게 하려고 한다.

말하자면, 분명히, 실제로, 정말로와 같은 단어를 많이 사용한다.

BP는 완벽성을 추구하기 때문에 사소한 것에도 집착하며, 완벽하게 하기 위해 시간 약속을 잘 못 지키는 경향이 있다. 실패를 실수라고 생각하며, 실수하지 않기 위해 자신과 타인을 통제하며 타인을 믿지 못해 타인에게 일을 잘 맡기지 못하고, 타인에 대한 독단이나 편견을 지닐 수 있다.

• BS(Be Strong) - 강하게 하라

BS의 마음에는 "약한 모습을 보이지 마라, 도움을 받지 마라."와 같은 내면의 소리가 자리 잡고 있다.

BS의 의사소통 방식은 먼저 행동의 문이 열리고 생각하고 그다음 감정을 느낀다.

BS는 믿을 만한 사람이며 힘든 일을 감수하여 얻을 수 있는 유익이 중요하며 거절당하는 것을 두려워한다.

BS는 용기가 있다, 강하다, 믿을 만하다와 같은 수식어가 따라다닌다.

BS는 과중한 책임이 주어졌을 때에 타인에게 도움을 요청하지 않고 불평하거나 불만을 표시하지 않는다. 감정을 잘 조절하며 감정적으로 일하지 않고 침착하고 공정하게 일한다.

BS는 거절에 대한 두려움 때문에 강하게 행동하며 두려움은 타인에 대한 공격적 태도나 경쟁적 태도로 나타날 수 있다.

우리는 각 유형의 드라이버 가운데 하나 또는 두 개의 유형으로 살아간다.

가장 두드러진 유형은 일상적인 생활에서 주로 나타나며, 그다음 드라이버는 스트레스상황에서 나타난다. 상황에 따라서는 두 가지의 유형이 분별이 어려울 만큼 동시에 일어나기도 한다.

위에서 언급한 내용을 토대로 각 유형별 특징적인 행동들을 이끄는 자신의 드라이버를 짐작해 볼 수 있으며 인식했다면 자신의 드라이버를 개선하며 변화할 수 있도록 훈련할 수 있다.

더 자세하고 구체적인 드라이버 분석은 드라이버의 성격 & 업무유형검사를 사용하여 분석할 수 있다.

드라이버의 유형별 개선 전략 & 셀프 코칭

유형별 개선 전략	셀프 코칭 훈련
PP 자신의 생각과 욕구를 표현하라. 타인의 부탁이나 지시에 'NO'라고 말하라. 일의 우선순위를 정하라. 자기의 주장을 표현하는 기술을 배워라.	네가 진정으로 원하는 것은 무엇이니? 나는 너 자신을 인정하고 존중해. 타인을 즐겁게 해도 돼. 그리고 타인을 즐겁게 하지 않아도 괜찮아.
TH는 지루함을 견딜 수 있어야 한다. 시작하기 전 현실가능한지 검토하는 시간을 가져라. 많은 일을 한 번에 할 수 없다. 선택과 집중을 하라. 일에 범위를 정하고 종결까지 계획해라.	현재 현실 가능한 일은 무엇일까? 네가 가장 하고 싶은 것이 무엇이니? 구체적으로 계획한다면 무엇이 달라질까? 열심히 해도 돼. 그리고 열심히 하지 않아도 괜찮아.

HU 시간을 충분히 확보하라. 미리 계획하고 단계적 점검을 하라. 속도를 낮추고 시간을 주어라. 타인의 말을 끝까지 들어라.	조금만 여유를 갖는다면 무엇이 달라질까? 점검하는 훈련을 한다면 어떤 유익이 발생될까? 서둘러도 돼. 그리고 서두르지 않아도 괜찮아.
BP는 기준을 낮춰라. 실수할 수 있다는 것을 인정하고 수용하라. 완벽 대신 충분이라는 기준으로 바꿔라. 완벽하지 않은 일에도 자신을 칭찬하라.	실수를 통해 얻을 수 있는 교훈은 무엇일까? 네 노력을 인정해. 충분히 잘 했어. 완벽해도 돼. 그리고 완벽하지 않아도 괜찮아.
BS는 자신의 약점을 인정하라. 자신의 필요를 요청하라. 자신의 감정을 인정하라. 타인에게 도움을 요청하라.	지금 네가 느끼는 감정은 무엇이니? 도움을 요청한다면 무엇이 달라질까? 힘들면 힘들다고 말해도 돼. 강해도 돼, 그리고 강하지 않아도 괜찮아.

위에 개선 전략을 인식하고 자신에게 소리 내어 말해 보자.

자신의 드라이버를 개선시키는 과정은 시간과 훈련이 필요하다.

자동적으로 무의식의 압력들이 우리의 사고와 감정, 행동을 지배하고 자신의 운전자가 되려고 할 때 우리는 운전자의 자리를 두고 선택할 수 있는 힘을 기를 수 있다.

개선 전략을 인식하고 끊임없는 반복 훈련, 셀프 코칭 훈련을 통해 무의식의 압력을 조절하며 드라이브하는 셀프리더로 훈련될 수 있다.

셀프리더여 드라이버를 드라이브하자!

9.
마인드 프로그램

우리 내면의 마음은 어떻게 프로그램 되어 있을까?

내면에 작동되고 있는 마음 프로그램의 원리를 이해함으로써 더 행복한 긍정 마인드로 자신을 변화시킬 수 있다.

리처드 벤들러(Richard Bander)와 존 그린더(John Grinder)에 의해 창시된 NLP(Neuro Linguistic Programming)[13]에서는 이와 같이 제시한다.

N(Neuro)은 사람이 지각하는 정보와 경험은 오감과 중추신경계의 연결로 이루어지며, L(Linguistic) 언어는 생각과 말, 비언어를 포함하며, P(Programming)는 이러한 신경과 언어가 일련의 과정을 통해 우리의 마음 안에서 패턴화되고 구조화되도록 신경과 언어는 프로그래

---

13) 설기문, 『자기혁신을 위한 NLP파워』, 학지사, 2003.

밍(Programming)되어 있다는 논리다.

이러한 개념으로 신경과 언어는 우리의 마음 안에서 프로그래밍되어 있고 내부에 프로그램 되어 있는 부정적 사고체계를 신경적 원리와 긍정적인 언어의 명령을 통해 새롭게 재구성시켜 행동을 변화시킬 수 있다는 이론이다.

잠깐 노란색의 주먹 크기에 레몬이 당신 눈앞에 있다고 상상해 보라.
자세히 들여다보자. 그리고 어떤 냄새가 나는지 떠올려 보라.
그리고 이제는 레몬을 잘라서 한입에 넣어 보라.
지금 이 순간 당신의 신체의 반응은 어떠한가?
당신의 입안에 침이 도는가?
생각만 했는데 당신 입안에 침이 돌고 있을 것이다.

이처럼 생각만 떠올렸는데 우리의 신체가 반응하고 있다.
우리의 사고체계는 생각과 언어와 몸이 하나로 연결되어 있고 프로그래밍되어 있어 '레몬이구나.'라고 떠올리면 레몬을 경험했던 정보가 언어로 부호화되어 뇌에 신호를 보내고 경험된 정보들이 신경계와 연결되어 신체적으로 반응을 하게 된다.

이렇게 그동안 차곡차곡 쌓아 놓은 총체적 경험들을 통해 우리 마음 안에는 프로그램이 구조화되어 있다.
그렇다면 우리 마음은 어떤 프로그램이 작동되고 있는 것일까?

수없이 많은 경험들과 우리 안에 인식된 정보들, 가치와 신념들, 매일 매일 사용하는 생각과 언어들, 우리 마음 안에 이미 구성되어 있는 프로그램들을 지금부터 긍정적인 생각, 긍정적인 언어의 사용으로 새롭게 재구조화해 보자.

내 마음의 지각필터[14] 이해하기

우리의 내부 세계에서 정보를 인식하고 정보를 처리하는 경로를 살

---

14) 앞의 책.

펴보자.

사람들은 매 순간 약 200만 비트(bits)의 정보를 오감(시각, 청각, 촉각, 미각, 후각)을 통해서 인식하지만 200만 비트의 정보 중에서 걸러진 약 134비트의 정보만 받아들인다.

우리의 사고체계 과정은 컴퓨터와는 다르다.

컴퓨터는 자판기를 통해 입력 값을 두드리면 정확한 결과의 값이 나오지만 인간의 사고체계는 정보를 인식하는 단계에서 자신이 주의를 기울이는 곳에 에너지의 초점이 맞춰지며 자신만의 경험, 신념, 가치와 태도, 언어 등에 영향으로 정보의 인식 단계에서 왜곡, 생략, 일반화라는 지각필터를 통해 정보가 걸러지고 인식된 정보에 따라 마음의 상태가 달라지고 마음의 상태에 따라 신체의 반응과 행동이 달라지는 것이다.

◆ 3가지의 지각필터 이해하기

사람들은 흔히 이런 말을 한다. 본인이 보고 싶은 대로 보고, 듣고 싶은 대로 듣는다.

답답하고 꽉 막힌 의사소통의 과정에서 푸념처럼 흘러나온 말이지만, 한편으로 참 과학적인 근거가 있는 말이다.

우리는 대화 중에 확실히 봤어, 내가 들은 것이 정확해, 내 눈은 못

속여 등 이런 표현을 할 때가 있다. 그러나 자신이 지각한 정보가 정말 사건 그대로의 본질이고 사실일까?

자신이 세상을 보는 관점 외에 얼마나 많은 사실들이 존재하며 다양한 관점들이 존재할 수 있는지 우리 안에서 작동되고 있는 3가지의 지각필터를 통해 관찰해 보자.

• 지각필터 '왜곡'

왜곡이란 자신의 신념과 욕구에 따라서 현실이나 사실을 다르게 인식하는 것이다. 말 그대로 본래의 정보를 자기 맘대로 이해하고 해석하는 것이다.

예를 들면 면접에 떨어져 열등감에 휩싸여 있는데 옆 테이블에서 대화를 주고받으며 웃고 있는 사람과 눈이 마주치자 자기를 한심하게 바라보며 자신을 비웃고 있다고 생각한다.

• 지각필터 '생략'

생략이란 정보를 취사선택하는 것이다.

자신이 관심을 갖거나 좋아하는 것 흥미가 있는 정보만 선택적으로 받아들이면서 나머지 정보들이 걸러지는 것이다.

예를 들어 배가 고픈 상황에서 도로를 걸을 때 수많은 간판들이 지나가도 눈에 들어오는 정보는 온통 음식점이나 먹는 것에 관련된 간판이나 정보들이 취사선택된다.

• 지각필터 '일반화'

일반화란 각기 다른 정보들을 특정한 하나의 사건과 연결하여 같은 것으로 치부하는 것이다.

면접을 보고 떨어진 여성이 면접 자체를 거부하거나 면접관은 외모나 스펙만 따진다고 모든 면접관은 다 똑같다고 일반화시킨다.

이렇듯 우리 마음 안에서 작동되는 지각 필터의 기능을 이해함으로써 똑같은 사건을 보아도 인식되는 정보는 선택적으로 주의를 기울이고, 각자 가진 신념에 의해 다를 수 있으며, 각자 자신이 지각하고 인식한 정보 외에 다양한 관점과 사건의 사실 또는 본질이 존재할 수 있다는 사고의 유연성을 가질 수 있다.

또한 우리는 왜곡, 생략, 일반화라는 기능의 지각필터를 점검할 필요가 있다.

각자의 지각필터에 영향을 주는 우리의 태도, 가치와 신념, 언어 등도 끊임없이 관찰하고 긍정적으로 변화시킴으로써 왜곡, 생략, 일반화의 오류를 줄여 나가며 더욱 긍정적인 정서 상태로 만들어 갈 수 있다.

우리 마음이 프로그램되는 정보처리 과정을 인식하여 자신의 생각, 감정, 행동의 패턴을 이해할 수 있고 자신의 마음을 더 긍정적으로 프로그래밍할 수 있다.

또한 자신이 지각하는 정보보다 다양한 관점이 존재할 수 있다는 사고의 유연성을 가질 수 있으며 각자의 마음 프로그램에 따라 사람들이 다양한 관점, 다양한 세계관을 가질 수 있음을 이해하고 타인의 생각과 태도를 존중할 수 있게 되어 보다 유연성 있는 대인관계를 만들어 갈 수 있다.

제4장

—

셀프리더의
성장코칭 훈련

SELF LEADERSHIP COACHING PSYCHOLOGY

1.
Here and Now 행복 코칭

진정한 행복은 무엇으로 만들어지는 걸까?

4.0시대에 우리가 추구하는 행복은 무엇일까?

우리 주변에서 우리는 '소확행'이란 단어를 자주 듣게 된다.

'일상에서 작지만 확실한 행복'이란 뜻의 줄임말이다.

소확행은 힘겹게 행복을 찾아 달려가는 현시대를 향해 '쉼'의 메시지가 되고 있다.

얼마나 많은 사람들이 행복을 꿈꾸고 잡히지 않는 행복에 상실하고 지쳐 있었던 것일까?

행복을 찾아 머나먼 길을 떠났던 사람들에게 '지금 여기에(hear and now)'라는 행복을 담을 소중한 공간을 선물하고 싶다.

행복을 잃어버리고 과거에 머물고 있거나, 행복을 찾아 먼 미래를 향해 달려가는 모든 이들이 '지금 여기에(hear and now)'에서 삶의 의미와 가치를 회복하고 행복을 누릴 수 있도록 '행복 공간'을 만들어 보자.

◆ '지금 여기에(Here and Now)' 행복 만들기

행복이란 단어 'Happiness'는 본래 옳은 일이 자신 속에서 일어난다는 뜻을 지닌 'Happen'에서 나온 말이다.
글자에 담긴 뜻과 같이, 행복은 우연히 외부에서 찾아온 행운이 아니라 그 사람에 의한 올바른 노력의 결과이다(Karl Menninger).

칼 매닝거(Karl Menninger)의 명언처럼 결국 행복은 우연히 외부에서 찾아온 행운이 아니라 우리 자신의 선택과 노력으로 만들어 가는 것이다.

흔히 행복이란 단어를 떠올리면 건강, 물질, 좋은 직업, 명예, 관계, 사랑 등 이런 요소들을 제시할 수 있다.
물론 행복을 경험하는 하나의 요인은 될 수 있으나 행복은 어떤 하나의 외부적인 요소 라기보다는 개인이 주관적으로 경험하는 '주관적 안녕감'이라고 말한다.

주관적 안녕감은 타인의 객관적인 평가가 아니라 개인적인 주관적인 인식과 정서적 경험이 개인의 행복을 결정한다는 것이다.

긍정심리학자인 Lyubomirsky, sheldon과 Schkade(2005)는 인간의 행복을 결정하는 요인들을 고려하여 행복 등식을 제시[15]했고 그 등식은 다음과 같다.

행복 = 유전적 기준점(50%) + 여러 가지 삶의 상황(10%)
+ 선택할 수 있는 의지적 활동(40%)

다음과 같은 세 가지의 영역이 우리의 행복을 결정한다는 것이다.

첫 번째, 50%의 영역인 유전적 기준점이다.

유전에 의해 이미 설정된 기준점으로, 어떤 상태에서 일시적인 기쁨이나 슬픔의 감정을 강렬하게 느끼는 경험을 하지만 시간이 지나면 다시 자신의 기준점인 정서 상태로 되돌아온다는 것이다.

사람에 따라서 긍정 정서 쪽으로 기울어지거나 부정 정서 쪽으로 기울어지는 유전적인 경향성을 나타낸다는 것이다.

두 번째, 여러 가지 삶의 상황들이다.

삶의 상황은 행복을 결정하는 10%의 요인으로 성별, 나이, 교육 수

---

15) 권석만, 『긍정 심리학(행복의 과학적 탐구)』 학지사, 2008, p.87-88.

준, 돈, 결혼, 지능 수준, 종교, 신체적 외모 등이다.

우리는 인생의 대부분을 외적 환경을 변화시키기 위해 피나는 노력을 하며 시간과 물질의 에너지를 쏟아내고 있지만 삶의 상황들이 행복을 결정하는 정도는 10%라고 말한다.

한 예로 행복과 돈의 연관성에 대한 연구에 의하면(Myers, 2007) 돈은 빈곤 수준을 넘어서기까지는 행복과 높은 상관관계를 보이나 그 이후에는 돈이 행복을 보장하지 못한다[16]는 것이다.

주변을 돌아보자! 상상할 수 없을 만큼 부를 가진 사람들이 무조건 행복한 모습이고 행복을 누리고 있는가?

인간이 가진 기대 수준, 적응력, 끝없는 욕망의 속성, 상대적 박탈감 등으로 돈이 행복을 영속적으로 보장하지 못하는 것으로 나타난다.

우리의 경험을 떠올려 보자.

휴대폰을 바꾸고 당신이 행복감을 유지한 시간은?

냉장고를 바꾸고 당신이 행복감을 유지한 시간들을 떠올려 보라!

순간 행복했지만 그 행복감이 우리의 정서 안에서 지속되는 시간은 얼마나 될까?

휴대폰과 냉장고를 바꾸고 우리는 또다시 더 좋은 것 더 새로운 것을 추구하고 있다.

---

16) 위의 책, p.104-105.

우리가 살아가는 삶의 상황에서 직장, 능력, 돈, 사회적 지위, 교육 등 이러한 외부적 상황에 얼마나 많은 열정과 시간을 투자했는가?

그러나 이런 삶의 상황이 모두 채워졌다고 해서 무조건 우리가 행복감을 지속적으로 유지할 수 있는 것이 아니라면 매일매일 자발적으로 자유롭게 선택하면서 행복감을 지속적으로 누리고 유지할 수 있는 방법은 무엇일까?

행복한 삶을 만들어 가는 과정에서 몇 번의 강도가 높은 행운을 안겨 주는 큰 사건보다 평상시 긍정 정서를 유발하는 빈도가 전반적인 행복감을 주는 데 더 중요하다고 말한다.[17]

지금 이 순간 행복을 선택하고 행복을 만들어 갈 수 있는 세 번째 영역 의지적 활동에 포커스해 보자.

세 번째, 행복을 결정하는 40%의 의지적 활동은 우리의 자발적인 동기와 선택으로 행복을 만들어 갈 수 있는 영역이다.

'지금 여기(here and now)'에서 우리의 선택으로 만들어 갈 수 있는 행복은 무엇인가?

시간과 물질과 환경의 영향 속에서도 자신의 삶을 풍요롭고 행복하게 만들 수 있는 지금 내가 선택하고 훈련을 통해 만들어 갈 수 있는 행복에 초점을 맞추어 보자.

---

17) 앞의 책, p.78.

◆ 강점에 초점 맞추기

우리 안에 숨겨진 자원들은 무엇일까?

우리 안에 잠자고 있는 능력들은 무엇일까?

현재 자신이 잘하는 것은 무엇이고 무엇을 할 때 즐겁고 흥미진진하며 열정을 느끼는가?

우리가 가진 약점을 적절하게 보완하는 것도 필요하지만 자신의 약점을 고치기 위해 많은 시간을 사용하고 있다면 현재 당신이 가진 강점에 초점을 맞추어 보라.

약점을 보완할 필요는 있지만 우리를 앞으로 나아가도록 하는 힘은 강점이다.

강점을 발휘하는 순간은 스스로 행복감을 느끼며 자발적인 목표 설정과 동기부여로 성취를 경험하며 강점을 발휘하는 삶 속에서 즐겁고 행복한 경험을 만들어 갈 수 있을 것이다.

Robert B. Diener의 돛단배의 예로 우리의 강점이 주는 힘에 대해 생각해 보자.

돛단배에 구멍이 나면 물에 침몰하지 않게 구멍을 막아야 한다. 그러나 구멍(약점)을 막았다고 해서 배가 앞으로 나아가지는 않는다. 배가 침몰되는 것을 방지할 수는 있지만 배가 앞으로 나아가도록 하는 것은 돛(강점)이다.[18]

지금 우리 안에서 역동하는 힘, 즐겁고 기쁘게 사용하는 재능, 그래서 발휘할수록 기분 좋고 열정이 우러나오는 당신만의 강점은 무엇인가? 자신의 강점을 발견하고 지금 이 순간 여기에서 자신의 강점을 발휘하며 매 순간 행복을 만들어 가자.

◆ 삶에 의미를 선물하기

우리는 삶에 순간에서 어떤 '의미'를 가질 때 그 순간 특별한 가치를 느끼며 행복감을 경험한다.

---

18) 이희경, 『코칭심리 워크북』 학지사, 2014.

우리가 부여할 수 있는 삶의 의미는 아주 다양하며 지금 이 순간 어떤 의미를 부여하는가에 따라 지금 이 순간 우리가 경험하는 행복한 감정도 달라질 수 있다.

힘겹고 고통스러운 일이라 할지라도 우리가 특별한 의미를 부여하는 순간 그 의미는 고통을 이기는 힘이 되고 고통 속에서도 가치를 발견하고 긍정적인 감정을 만들 수 있다.

삶의 순간순간 속에 의미를 부여할 때 우리는 비로소 자신이 살아 있는 이유, 존재의 가치, 뿌듯함과 성취와 같은 긍정적인 행복감을 누릴 수 있다.

또한 개인의 삶 뿐만 아니라 자신이 속한 가정, 직장, 공동체, 사회에서 헌신과 섬김, 선한 영향력을 발휘할 때 자신에게 부여되는 의미는 아주 작은 일이라도 뿌듯함과 기쁨, 행복감을 경험하게 한다.

이 순간 지금 우리가 하는 모든 일에 어떤 의미를 부여할 수 있는가?

삶의 상황과 사건 속에서 긍정적인 의미를 부여하여 가치 있는 순간들을 만들어 보자.

당신은 가치 있고 의미 있는 존재의 주인공이 되어 매 순간 행복감을 경험할 수 있을 것이다.

◆ 감사 선택하기

우리에게 주어진 감사의 제목들을 저 멀리 무지개를 보며 잃어버리고 있는가?

상대적 박탈감에서 벗어나서 고유한 자신만의 삶을 돌아보자.

지금 이 순간 여기에서 누리는 감사의 제목들을 발견하고 적어보자.

개인에게 주어진 감사할 것들을 찾아보고 감사하기로 선택해 보자.

감사의 마음을 표현해 보자.

감사의 마음이 부메랑처럼 돌아와 우리 자신에게 행복감을 선물해 줄 것이다.

◆ 용서 선택하기

용서는 타인을 위해서 하는 것이 아니라 자신을 위한 선물이다.

우리의 행복감을 소멸시키는 미움과 원망의 불씨를 끌 수 있는 것은 그때 그 순간을 용서하기로 선택하는 것이다. 사람이든 상황이든 더 이상 과거의 시간이 현재 당신에게서 행복을 빼앗아 가지 않도록 용서를 선택해 보자.

용서는 자신에게 주는 행복이라는 선물이다.

'지금 여기에(here and now)'에서 셀프리더의 행복 만들기 훈련을 시작해 보자!

모든 것은 단번에 이루어지지 않는다. 수없이 반복하는 긍정적인 마음 훈련 속에서 긍정근육들이 점진적으로 만들어질 것이다.

행복은 멀리 있지 않고 셀프리더의 마음 안에 그리고 지금 여기에 있다!

자신의 강점에 초점을 맞추고, 매 순간 자신의 삶에 의미를 부여하고, 감사와 용서를 선택하기 위해 마음 훈련을 시작해 보자.

2.
긍정프레임으로 마음 바꾸기

> 비관주의자는 어떤 기회 속에서도 어려움을 보고, 낙관주의자는 어떤
> 어려움 속에서도 기회를 본다.
>
> - 윈스턴 처칠

자신과 타인 세상을 바라보는 관점 프레임은 아주 중요하다.

우리는 프레임을 틀 또는 세상을 보는 마음의 창과 같은 것에 비유해서 말하곤 한다.

우리는 본질 그대로 세상을 보지 않고 우리가 배우고, 느끼고, 경험한 모든 것들이 자신만의 독특한 사고의 틀이 되어 틀 안에서 자신의 마음의 창을 통해 세상을 바라보게 된다.

우리는 우리 자신을 어떻게 바라보는가?
우리는 세상을 어떻게 바라보는가?

우리는 선택적으로 주의를 기울여서 그 정보를 받아들이며 각자의 틀에서 지각하고 해석하는 각자마다 세상을 보는 창을 가지고 우리

자신과 세상과 소통하고 있다.

결국 우리가 세상을 바라보는 관점 프레임은 우리 내면의 세계에 의해 좌우되고 우리의 마음의 태도에 달려 있다.
긍정이라는 프레임으로 세상을 보기 위해 프레임을 구성하는 우리 마음을 점검해 보자!

세상을 지각하고 해석하는 우리의 마음이 긍정적으로 채워지면 우리가 세상을 보는 마음의 창도 긍정프레임으로 변화될 수 있다.

버스에 한 남자와 남자아이 둘이 탑승을 했다.

고속도로에서 내내 시끄럽게 떠들고 소리를 지른다면 당신은 어떻게 하겠는가?

주변 사람들 또한 짜증스러움을 감추기 힘들 것이다.

잠시 뒤, 한 노인이 아이들을 좀 조용히 시킬 수 없냐고 말을 건네자

아이들 아빠가 아이들 엄마의 장례식장에 다녀오는 길이라고 말했다면!

우리의 마음 상태는 어떻게 변화될까?

방금 전처럼 짜증스럽게 아이들이 보이겠는가?

아니면 가련하고 안쓰러운 엄마를 잃은 아이들로 보이겠는가?

아이들이 떠들고 있는 상황은 달라지지 않았지만, 관점의 프레임이 바뀌면서 사건을 해석하는 마음의 태도도 변화하고, 그 순간 마음은 상태는 달라진다.

리프레이밍(Reframing)은 '틀을 바꾸어 본다.'라는 의미인데 사물에 대한 관점을 리프레이밍함으로써 새로운 것이 보일 수 있다는 의미다.

세상을 바라보며 의미를 해석하는 과정은 우리가 지각하는 틀에 의해 결정되는데 이 지각의 틀은 아주 어린 시절부터 우리가 경험한 사

람, 사물, 사건들, 신념과 지식 등이 총체적으로 차곡차곡 쌓여 만들어진 견고한 틀이다.

이 견고한 틀 안에서 우리는 무의식적 자동적으로 사건을 해석하며 그 자동적 사고의 틀이 부정적이거나 비합리적이면 우리의 감정도, 행동도 부정적인 결과를 만들게 된다.

우리는 어떠한 프레임을 만들어 온 걸까?
우리의 프레임은 긍정 프레임인가? 아니면 부정 프레임인가?
현재 자신의 프레임을 철저하게 스스로 인식해야만 새로운 프레임으로 변화를 시작할 수 있다.

우리 자신의 사고의 틀을 탐색해 보자!
우리의 관점을 인식하고 점검해 보자!
우리는 어떤 프레임으로 자신과 세상을 보는가?
자신이 가지고 있는 단단한 고정관념의 틀은 무엇인가?

우리 자신이 가지고 있는 프레임에 따라 똑같은 사건과 상황에서도 해석과 태도는 달라질 수 있다.

자신의 프레임을 변화시키는 핵심은 부정적 상황에서도 긍정적 의도를 발견하고 긍정적 발상으로 전환시키는 사고의 유연성을 기르는 훈련이 필요하다.

셀프리더십을 발휘하여 현재 가지고 있는 자신과 세상을 보는 마음의 틀을 바꾸면 자신과 세상을 바라보는 의미도 바뀌고, 행동도 바뀌고, 점진적으로 우리의 인생도 행복한 삶으로 변화할 수 있다.

긍정프레임으로 마음 바꾸기 훈련[19]

See 나는 무엇을 보는가?	Do 나는 어떻게 행동하는가?	Get 얻는 결과는 무엇인가?
오늘도 김과장은 회의 중 나에게만 질책을 했다.	퉁명스럽게 김과장이 묻는 말에만 예 아니오로 대답한다.	김 과장과 관계는 더욱더 악화되었다.

1. 긍정적인 관점으로 변화되기 위해 먼저 우리 자신은 무엇을 보며 어떻게 해석하고 있는지 생각해 보자

2. 보고 해석하고 그로 인한 생각으로 나는 어떻게 행동하고 있는가?

3. 그 행동으로 인해 나는 무엇을 얻고 있는가?

---

19) 숀코비, 『성공하는 대학생들의 7가지 습관』 한국리더십센터 출판사, 2016 참고.

4. 만약 지금과 다르게 해석하고 다르게 본다면 나의 행동은 어떻게 달라질까?

5. 행동이 달라진다면 내가 얻는 결과들은 어떻게 달라질까?

이 질문에 답해 보면서 진정으로 내가 원하는 것들을 성취하기 위해서 무엇을 먼저 다르게 해야 할지 깊이 성찰해 보자.

긍정프레임으로 마음 바꾸기 훈련 & 실천편

See 나는 무엇을 보는가?	Do 나는 어떻게 행동하는가?	Get 얻는 결과는 무엇인가?

3.
비전 디자인하기

나는 어디로 가고자 하는가?

내가 진정으로 원하는 것은 무엇인가?

내가 이 세상을 살아가는 목적은 무엇인가?

나의 목표 뒤에서 나를 당기고 열정이 나를 밀어주게 하는 나의 사명의 목적지는 어디인가?

코칭바이블의 저자 게리콜린스는 "비전이란 우리가 존재하기를 원하는 어떤 것에 대한 분명한 그림이다."라고 말한다.

우리가 간절히 원하고 바라는 비전이 분명한 그림이 되기 위해서는 구체적인 계획을 세우고 자신의 가치가 비전을 향해 가는 길에 이탈하지 않도록 기준이 되어야 한다.

또한 포기하고 싶은 순간이 와도 끝까지 도전하고자 하는 간절한 열망과 열정이 있어야 한다.

　내 인생에서 가장 의미 있는 것, 이루고 싶은 것, 중요한 것을 구체적으로 생각하고 적어보면서 자신의 비전을 디자인해 보자.
　확고한 믿음은 실행력을 높여 계획을 행동으로 옮겨가는 데 에너지가 되고 우리 안에 두려움을 극복할 수 있는 용기를 만들어 준다.

　비전이 주는 힘은 현실의 장애물을 넘어서 그 목적지에 이르도록 우리를 격려하며 이끌어 준다.

　목표 너머에는 비전이 우리를 기다리고 있다.
　작은 목표들을 하나하나 이루어 가면서 우리는 변화와 성장을 거듭하고 어느 순간 비전이 그린 목적지에 도달하게 된다.

　비전은 목표보다 훨씬 큰 우리의 존재를 발현시키고 우리가 살아가야 할 이유를 그린 우리 인생의 커다란 최종 목적지를 그린 그림이다.

　우리에게는 가슴 뛰게 하는 비전이 있는가?
　셀프리더십을 발휘하여 자신의 비전을 디자인해 보자!

　셀프리더십을 발휘하여 디자인하는 비전은!
　자신이 누구이고, 어디로 가고 있는지를 인식하며 자신의 가치로 기준을 삼고 열정과 사명의 에너지로 동기부여를 하여 그 목적지를 향하여 전진하도록 스스로 자신을 이끌어 가는 것이다!

우리 가슴속에 그토록 가슴 뛰게 하는 열망하는 꿈을 목표와 계획, 가능성을 담아 비전으로 디자인하고 가치와 열정이라는 아름다운 색깔들을 비전 위에 색칠해 보자.

더욱 선명하게 그려지는 비전이 청사진처럼 당신 앞을 비추고 당신을 이끌어 갈 것이다.

이제 우리가 간절히 원하는 일들이 구체적인 그림으로 그려 질 수 있도록 박스안에 질문들에 대답해 보자.

비전 디자인하기 & 비전 선언문 작성하기

목적 (Mission)	나는 무엇을 기여하는 삶을 살 것인가? 나는 어떤 사람이 되기를 원하는가? 내가 반드시 이루어야 할 것은 무엇인가?
비전 (Vision)	목적을 이루기 위해 나는 무엇을 계획할 수 있는가? 목적을 이루기 위해 중장기적으로 목표하는 것은 무엇인가? 목적을 이루기 위해 무엇을 준비해야 하는가?
핵심가치 (Core Value)	비전을 실행하는 과정에서 기준과 지침이 되는 나의 핵심 가치는 무엇인가?

비전 디자인하기 & 비전 선언문 & 실천편

목적 (Mission)	
비전 (Vision)	
핵심가치 (Core Value)	

◆ 성공 그림 그리기(Success Picture)

간절히 꿈꾸던 일들이 실현되면 우리의 삶 속에는 어떤 기적 같은 일들이 일어날까?

꿈이 이루어진 상태를 상상하는 순간에 느끼는 기쁨과 행복을 우리의 몸과 마음은 기억한다.

과거 기억 속에 행복했던 순간을 지금 이 순간 떠올리기만 해도 가슴이 뭉클해지고 행복한 감정에 미소가 지어지듯 미래에 될 일도 이미 이루어진 것처럼 상상하며 성공을 경험할 때 그 순간에 우리의 잠재의식은 현실처럼 반응하며 긍정적 에너지를 올려주는 신체적 반응을 한다.

매 순간 이미 성공한 자신의 모습을 떠올리고 이미 성공한 모습으로 성공의 에너지로 오늘을 살아간다면 긍정적인 에너지의 힘으로 더욱더 자신감 있게 목표를 실천하며 더 열정적으로 실행해 나갈 수 있다.

우리에게는 이미 목표를 이루어 낸 성공 그림이 필요하다.

실패에 대한 막연한 두려움을 느끼는 부정적인 태도를 갖는 것도 습관이며 가능성, 희망으로 자신의 미래를 그려보는 긍정적인 태도를 갖는 것도 습관이다.

성공 그림을 깊이 마음에 새겨 두고 그 순간을 상상하며 성공 그림 속에 주인공이 되어 보자.

이미 꿈을 성취한 성공의 에너지로 지금 이 순간부터 구체적으로 목표를 설정하고 성취할 수 있다는 믿음을 가지고 꿈이 현실이 되도록 오늘부터 실행해 보자.

4.
꿈과 비전 사이, Gap 줄이기

꿈을 꾸며 사는 사람들은 아름답다.

왜냐하면 꿈을 꾸는 사람들은 기대하며, 소망하고, 자신이 간절히 원하는 것에 대한 희망이라는 원대한 에너지를 소유하고 있기 때문이다.

꿈은 우리에게 희망과 용기를 불어넣어 주며 꿈은 우리 안에서 꿈틀거리며 뜨거운 마음, 열정을 만들어준다.

지금 이 순간 우리는 어떤 꿈을 꾸고 있는가?

우리 안에 진정으로 원하는 것, 하고 싶은 것, 이루고 싶은 것들을 탐색해 보자.

꿈을 이루고자 하는 자신의 현재의 상태를 자각하는 것은 꿈이 현실 세계로 나타나는 첫 번째 관문과 같다.

우리의 현실을 점검해 보자.

우리의 아름다운 꿈들이 어떻게 하면 현실에서 이루어질 수 있을까?

간절히 원하지만 변화를 두려워하는 우리 자신의 마음이 장애물이 될 수도 있다.

성취하는 데 방해가 되는 요소들을 생각해 보고 장애물을 극복하면서 원하는 것들을 성취하기 위해 도움이 되는 대안들도 생각해 보자.

현재의 나의 모습, 나의 상태, 내가 서 있는 지점이 꿈이 비전으로 구체화되어 가는 출발점이 될 수 있다.

현실에서 각자 꿈의 출발점을 인식하고 꿈을 이루었을 때 도착할 목표 지점의 거리를 인식해 보자.

꿈에 자리가 1점이고, 꿈이 이루어진 상태는 10점이라고 가정해 보자.

당신은 현재 몇 점의 위치에 서 있는가?

현재 상태가 3점이라면 3점에서 10점까지의 갭을 줄이기 위해서는 현실 가능하고 구체적이며 측정 가능한 목표들이 실행될 때 갭이 줄어든다.

한 발 한 발 사다리를 올라타듯 10점의 자리까지 갭을 좁혀 갈 수 있다.

꿈과 비전 사이에 SMART 목표 설정은 꿈이 현실이 되고, 현실과 비전 사이를 이어 주는 사다리가 된다.

　목표라는 사다리로 비전이라는 목적지에 도착하는 과정은 자신에
대한 믿음이 중요하다. 이룰 수 있다는 믿음으로 꿈을 구체적인 목표
로 다듬고 비전을 향하여 달려갈 준비를 해 보자.

　이제 우리가 원하는 꿈과 비전을 실행력 있게 만들어 가기 위해
SMART기법을 활용하여 목표를 다듬고 만다라트 도구를 활용하여 목
표를 구체화 시켜보는 훈련을 함께 해보자.

1. SMART 기법을 적용한 목표 다듬기 훈련

SMART 기법 & 목표 다듬기 훈련

Specific(구체적인) / 구체적인 목표인가? ex) 날씬해지고 싶다(×), 3kg을 2018년 12월 30일까지 감량(○) 날씬해지고 싶은 것은 주제이지 목표는 아니다. 목표는 구체적인 목표가 설정되어야 한다.
Measurable(측정 가능한)/측정이 가능한 목표인가? ex) 날씬해지고 싶다(×), 1개월에 1kg씩 3개월 동안 3kg 감량(○) 날씬해지고 싶다는 목표는 측정이 불가능하다. 목표는 측정이 가능해야 한다.
Achievable(성취 가능한)/성취 가능한 목표인가? ex) 날씬해지기 위해서 앞으로 많이 노력할 것이다(×), 날씬해지기 위해서 출퇴근 시 아침저녁 계단을 이용하여 걷겠다(○) 성취 가능한 목표는 생각에 머무는 것이 아니라 행동에 있다.
Realistic(현실적인)/현재 상황에서 가능한 목표인가? ex) 현재 60kg인데 1달 안에 45kg 목표로 15kg 감량(×), 1달에 1kg 감량 가능한 시간 저녁 8시부터 30분씩 러닝머신, 7시 이후 단식(○) 현실적으로 무리한 목표를 설정함으로써 실패를 경험하고 반복되면 목표 설정을 회피하게 된다.
Time-bound(기한이 정해져 있는)/기한이 정해져 있는 목표인가? ex) 하는 데까지 최선을 다하겠다, 노력해서 맞춰 보겠다(×), 12월 30일 7시까지(○) 기한이 정해져 있어야 목표를 이룰 수 있는 가능성을 높일 수 있다.

2. 만다라트[20] 구체적 목표 세우기 훈련

만다라트 기법을 적용하여 우리 인생에서 이루고자 하는 목표를 구체적으로 세분화하여 작성해 보자.

만다라트를 활용한 계획표

유트브	자신감	컴퓨터 기술						
코칭 자격증	**목표1 능력향상**	전공서적		**목표2 건강**			**목표3 가정 관계**	
자기 개발서	독서	수강신청						
			목표1 능력향상	목표2 건강	목표3 가정관계			
	목표4 습관		목표4 습관	핵심목표 성장	목표5 성품		**목표5 성품**	
			목표6 신앙	목표7 조직관계	목표8 소통			
						경청하기	문자 보내기	전화하기
	목표 6 신앙			**목표7 조직 관계**		수용하기	**목표8 소통**	만남
						나를 표현하기	공감하기	선물하기

---

20) 이마이즈미 히로아키가 개발, 만다라트는 Manda+la+art가 결합된 용어로 목적을 달성하는 기술을 의미한다.

1. 먼저 가장 중심에 핵심목표를 설정한다.

2. 핵심목표를 중심으로 8칸에 핵심목표를 이루기 위한 8가지 구체적 목표를 설정한다.

3. 8가지의 구체적 목표를 확산하여 8가지 구체적 목표를 이루기 위한 세부 목표를 작성해 본다.

만다라트를 활용한 계획표 & 실천편

SMART기법은 막연한 꿈을 목표로 다듬는 도구이다. SMART기법과 만다라트 계획훈련을 적용하여 막연한 꿈을 구체적이고 실현 가능한 목표로 다듬고 실행력을 높일 수 있다.

설정해 놓은 목표 속에서 자신을 이끌어 스스로 훈련해 나가면 작은 목표들이 하나하나 이루어질 때마다 성숙하고 성장하는 모습을 발견할 수 있고 꿈에 그리던 나의 모습이 현실에서 이루어진다.

꿈과 비전사이 현실의 차이를 인식하고 목표를 설정하고 오늘부터 꿈과 비전 사이에 Gap 줄이기를 시작해 보자.

5.
셀프리더의 시간경영

앞에서 우리는 사명과 비전 가치에 대해 명료화 해보고 SMART 기법과 만다라트 기법을 통해 목표를 구체화 하고 구체적인 목표들을 만들어 보았다. 이러한 훈련의 과정에서 성공적인 비전경영 목표관리가 되기 위해서는 우리에게 주어진 소중한 시간을 관리하는 훈련이 필요하다.

누구에게나 주어진 24시간을 어떻게 관리 하느냐에 따라 얻어지는 성과와 삶의 결과들은 달라진다.

24시간의 시간을 어떻게 가장 효과적으로 활용할 수 있을까?

효과적인 시간 관리를 위해서는 시간활용 계획과 시간을 효율적으로 사용하기 위한 자신만의 우선 순위가 필요하다.

◆ 시간관리 코칭

시간을 효율적으로 사용하기 위해 중요한 3가지를 먼저 생각해 보자.

첫번째 먼저 내가 사용하는 하루의 시간을 시간대별로 분석해보자
두번째 중요도와 우선순위를 시간관리 매트리스를 통해 점검해보자.
세번째 질문을 통해 시간관리에서 장애물이 되는 요소들을 점검해
보자.

시간관리 매트릭스[21]

중요하면서 급하지 않은 일	중요하면서 급한 일
중요하지도 급하지도 않은 일	급하지만 중요하지 않은 일

(세로축: 중요도, 가로축: 긴급도)

이제 위의 도표를 참고 하여 질문을 통해 스스로 답해보면서 장애물
을 점검해보자.

① 나에게 중요하면서 급한 일들은 무엇인가?

---

21) 숀코비, 『성공하는 대학생들의 7가지 습관』 한국리더십센터출판사, 2016 참고.

② 나에게 중요하지만 급하지 않은 일들은 무엇인가?

③ 나에게 중요하지 않은데 급한일은 무엇인가?

④ 나에게 중요하지도 급하지도 않은 일은 무엇인가?

⑤ 중요하지도 급하지도 않은 일들의 요소를 정리 한다면 어떻게 달라지겠는가?

⑥ 다른 사람이 대신할 수 있는 일들은 무엇인가?

⑦ 중복되고 반복되는 효율적이지 않는 것들은 무엇인가?

시간을 효율적으로 사용할 수 있도록 질문을 통해 생각해봤다.

우리 자신에게 중요하면서 급한 일, 중요하지만 급하지 않은 일, 급하지만 중요하지 않은 일로 우선 순위를 두고 시간을 투자하고 효율적으로 사용해보자.

◆ 효과적인 시간 관리를 위한 습관 만들기

1. 내일 해야 할 일들을 메모하기
2. 중요도에 따라 순서 정하기
3. 순서에 맞게 일을 진행하며 진행된 일 체크하기

완벽하게 되지 않아도 포기하지 않고 지속적으로 반복 훈련을 하는 것이 중요하다. 오늘부터 다시 시작해 보자.

6.
나를 바꾸는 셀프 코칭 훈련

셀프코칭은 자신 스스로가 코치가 되어 자신의 욕구 동기를 경청하고 스스로 질문하고 성찰하고 대답하는 프로세스가 있는 자기와의 대화 훈련이다.

자신과의 건강한 대화 훈련의 좋은 출발점이 되기 위해서는 먼저 3가지의 마인셋이 필요하다.

첫번째 자기 의심을 버리는 것

두번째 자신에게 솔직하고 성실할 것

세번째 자신이 잘 할 수 있다고 신뢰하는 것이다.

이제 GROW 모델을 적용하여 셀프코칭 훈련을 해보자.

먼저 GROW모델 프로세스를 이해하고 단계별 질문들을 활용하여 셀프 코칭 훈련을 시작해보자.

◆ GROW 모델로 셀프 코칭 훈련하기

John Whitmorre가 제시한 GROW 모델은 코칭에서 가장 보편적으로 사용하는 모델이며 GROW 모델의 프로세스는 다음과 같다

Goal(목표) - Reality(현실인식) - Options(대안) - Will(실행 의지)라는 구조를 가지고 있다. 구체적으로 단계별 핵심적인 요소들과 질문들을 생각하며 훈련해 보자.

· G 목표(Goal)

내가 진정으로 원하는 것은 무엇인가?

타인이 정해 주는 목표가 아니라 자신이 원하는 구체적 목표를 설정한다.

· R 현실(Reality)

목표가 정해졌다면 그 목표를 달성해야 하는 자신의 현재 상태를 점검해야 한다.

현재 어떤 상태인지 어느 지점에 있는지를 스스로 질문하고 탐색할 수 있다.

현재와 목표 사이에 갭이 보이는가?

당신을 가로막는 장애물은 무엇인가?

큰 전신 거울 앞에 서서 자신의 모습을 선명하게 보듯

이렇듯 현실 인식은 철저하게 자신을 자각하는 것이다.

자신을 철저하게 자각하고 변화의 의지가 있는 사람이 변화한다.

자신의 상태에 대한 자각과 인식 없이는 변화는 불가능하다.

• O 대안(Option)

현실이 자각되면 이제 목표를 이룰 수 있는 현실 가능한 대안들을 생각해 볼 수 있다.

현재 상태가 점검 되었다면 어떻게 그 목표를 달성할 것인가?

그것을 극복할 수 있는 당신 안에 있는 성공 경험의 자원은 무엇인가?

과거에 이와 비슷한 상황에서 장애물을 극복하게 했던 힘은 무엇이었나?

스스로 자신에게 질문을 하면서 의식을 확대하고 관점을 확장하고 또 다른 관점에서 자신을 발견하므로 실행할 수 있는 대안들을 떠올려 볼 수 있다.

이때 막연하고 떠오르지 않는다면 대안을 실행이라고 착각하고 있는지 자신을 점검해 보라. 대안은 문제를 해결할 창의적 생각이고, 실행은 대안을 행동으로 실천하는 것이다. 대안들이 떠올렸다면 세 가지 대안 중 먼저 실행하고 싶은 하나를 선택해 본다.

• **W 실행의지(Will)**

선택된 대안 중 하나를 먼저 의지를 가지고 실행하기로 선택한다.

실천하기 위해서 의지를 가지고 다짐하는 과정이다.

목표를 이룰 수 있도록 자신에게 격려와 응원 지지와 인정으로 에너지를 북돋아 준다.

실천하는 과정에서 스스로 책임감을 가질 수 있도록 격려한다.

GROW 모델 & 셀프 코칭 작성편

G 목표(Goal)	
R 현실 인식(Reality)	
O 대안(Option)	
W 실행의지(Will)	

GROW 모델 셀프 코칭 질문 활용하기

G 목표 (Goal)	• 나의 목표는 무엇인가? • 진정으로 내가 원하는 목표인가? • 이 목표는 나에게 어떤 의미가 있나? • 이 목표는 나에게 얼마만큼 중요한가요? • 목표가 이루어졌다고 상상해 보자 나는 무엇을 하고 있나?
R 현실 인식 (Reality)	• 목표를 생각할 때 현재 나의 상태는 어떠한가? • 현재 나는 어디에 있나? • 이루어지지 않은 상태를 1점, 만족하게 이루어진 상태를 10점이라고 가정할 때 지금 나의 상태는 몇 점인가? • 목표를 이루는 데 방해가 되는 것은 무엇인가? • 지금 이 상태가 앞으로 6개월 동안 지속된다면 어떨까요?
O 대안 (Option)	• 장애물을 극복하기 위해 무엇을 할 수 있을까? • 목표를 이루기 위해 할 수 있는 것은 무엇일까? • 목표를 이루기 위해 당신이 갖고 있는 자원은 무엇인가? • 그때 그 상황을 극복하게 했던 힘은 무엇이었나? • 또 다른 대안이 있다면 무엇이 있나? • 여러가지 대안 중 무엇을 먼저 시도하겠는가?
W 실행의지 (Will)	• 언제 어디서 어떻게 어느 시간에 그것을 실행해 볼 것인가? • 실행할 의지를 수치로 표현한다면 몇 점 정도인가? • 실행을 다짐하면서 자신에게 무엇이라 말해 주고 싶은가?

7.
일과 삶의 균형,
Work & Life Balance 셀프 코칭

이제 우리의 삶을 돌아보고 현재의 삶의 균형을 점검해 보자.

치열하게 경쟁하는 사회 속에서 숨 가쁘게 자신을 돌아볼 여유조차 없이 달렸다면 잠시 삶의 속도를 조절하고 균형을 맞추기 위해 삶의 수레바퀴를 점검하고 회복할 수 있도록 셀프리더십을 발휘해 보자.

개인의 일(work)과 생활(life)의 조화와 균형을 간절히 원하는 이 시대에 진정한 워라밸(Work & Life Balance)을 만들어 가기 위해 먼저 자신의 일과 삶 속에서 가치 있고 의미 있는 것은 무엇이며, 추구하는 삶의 요소는 무엇인지 생각해 보고 점검하고 진단해 볼 수 있다.

우리의 삶을 인생을 움직이는 수레바퀴에 비교해 보자.

내 삶의 수레바퀴는 내가 원하는 요소안에서 균형 있게 잘 굴러가고 있는가?

수레바퀴의 각 영역에 비전, 건강, 가족, 재정, 사회적 관계, 자기계발, 일, 취미생활, 종교, 영성, 여행, 봉사 등이 있다고 가정한다면 이러한 덕목은 당신의 삶의 균형을 이루고 행복을 추구하는 축이 된다.

이 중 8가지 덕목을 선택하고 이에 대한 각 영역에 현재 상태를 점수로 적고 자신이 원하는 영역에 스스로 만족한 상태인지 점검해 보자.
만약 삶에서 균형을 이루고 싶은 영역의 요소가 있다면 자신의 생각대로 수레바퀴의 영역에 덕목을 작성해 보고 현재 상태를 점검해 보자.

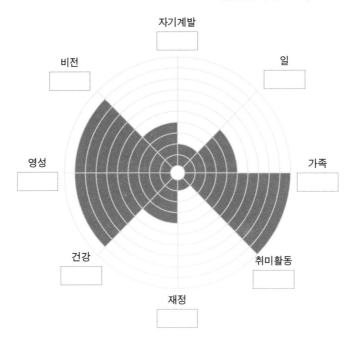

Work & Life Balance Wheel을 점검하기

Work & Life Balance

1. 삶의 균형을 스스로 진단해 보자.

① 1점에서 10점 척도로 영역에 점수를 적어 본다.

② 가치 있게 생각하는 덕목을 1번부터 8번까지 적었다고 가정할 때
스스로 평가한 점수를 통해 어느 영역에 점수가 높고 만족감을
느끼며 어느 부분에 점수가 낮고 균형감을 잃고 있는지를 점검해
보고 셀프 코칭 하며 목표를 세우고 실행해 볼 수 있다.

2. Work & Life Balance & 셀프 코칭하기

① 무엇을 느꼈는가?

② 무엇이 달라지기를 바라는가?

③ 어떤 영역이 먼저 변화되길 바라는가?

④ 몇 점 정도 올리면 만족한 상태가 되는가?

⑤ 만족한 상태가 되기 위해 지금 당장 실천할 수 있는 것은 무엇인가?

위의 질문에 대해 스스로 대답해 보고 변화가 필요하다고 생각되는
영역을 작성해 보고 GROW 모델의 질문들을 적용하여 셀프 코칭을
훈련해 보자.

Work & Life Balance & 작성편

균형 진단/변화가 필요한 덕목	변화를 위한 실천 계획

GROW모델로 셀프 코칭 훈련하기/질문 활용편

G 목표 (Goal)	• 어느 영역을 성장시키길 원하는가?(건강 영역) • 건강의 영역 점수를 올린다는 것은 어떤 의미가 있는가? • 구체적으로 건강영역에서 무엇을 달라지길 바라는가? • 건강한 상태를 만들기 위해 무엇을 하기를 바라는가? • 당신이 목표를 이루었을 때 당신은 어떠한 상태가 되는가?
R 현실 인식 (Reality)	• 나의 현재 상태는 수치로 표현한다면 몇 점인가?(30점) • 30점인 현재 상태는 어떤 상태인가?(구체적으로 작성해 보기) • 이 상태가 1년 동안 계속된다면 1년 뒤 어떤 상태가 되겠는가? • 현재 당신의 가로막는 장애물은 무엇인가?
O 대안 (Option)	• 현실을 극복하고 목표를 이룰 수 있는 대안은 무엇인가?(3가지) • 음주하는 날을 5번에서 2번으로 줄이기 • 기름진 음식 대신 야채와 과일로 식단 운영하기 • 1시간씩 산책하기 • 이 3가지 대안 중 무엇을 먼저 실행해 볼 것인가?

W 실행의지 (Will)	• 언제, 어디에서 진행할 수 있는가? • 1시간씩 산책을 하고 있는 나를 어떻게 증명할 수 있는가? • 1시간씩 산책을 하고 있는 당신에게 스스로 무엇이라 말해 주고 싶은가? • 3개월 뒤 모습을 상상해 본다면 거울 앞에선 당신 모습은 어떤 모습인가? • 스스로 격려해 준다면 무엇이라고 말해 주고 싶은가?

삶의 균형을 얻고자 하는 영역의 기준은 우리 자신의 만족과 자신의 선택이다.

타인이 중요하게 생각하는 영역이 자신에게는 특별한 의미를 주지 못할 수 있다.

자신이 원하는 삶의 균형, 그 적합한 요소를 먼저 인식하고 균형을 점검하고 행복한 삶의 균형을 이루기 위해 오늘부터 셀프리더십 코칭 훈련을 시작해 보자.

8.
영향력 있는 셀프리더로 훈련되기

셀프리더십을 발휘하며 인생을 살아간다는 것은 자신의 삶을 방치하거나 포기하지 않는 것이다.

어떠한 상황 속에서도 자신의 삶에 대한 소중함을 가지고 자신을 품위 있고 아름다운 사람으로 만들어 가도록 결단하는 의지가 셀프리더십의 시작이다.

셀프리더십을 발휘하는 삶은 철저한 자기 이해와 자기 인식에서 출발하여 자기 조절과 관리로 자기 통합을 이루어 가도록 자신을 훈련하며 이끌어 가는 과정이다.

자신의 생각, 감정, 행동에 대한 이해,

자신의 강점과 가치에 대한 발견과 계발,

자신과 세상에 대한 태도를 변화시키는 훈련,

세상을 보는 마음의 창을 긍정적 프레임으로 변화시키는 노력,

열정과 끈기로 자신의 꿈을 성취하도록 스스로에게 동기부여 하며, 통제와 조절로 자신을 훈련하며 원하는 삶을 만들어 가는 과정이 셀프리더십을 발휘하는 삶이다.

이러한 삶을 만들어가는 셀프리더의 내면에는 올바른 가치관과 정직성, 용기, 성찰, 반성, 인내, 끈기, 희망, 도전, 감사, 존중, 신뢰, 사랑, 세상을 향한 이타심과 같은 아름다운 덕목들이 자신의 내적 세계에 기준이 되어 있다.

철저하게 자신이 인식되고 깨어지는 변화의 진통 속에서 다듬어지면서 견고하고 건강하며 품위 있는 셀프리더가 된다.

자신의 삶에 책임감을 가지고 스스로를 훈련하고 이끌어가는 셀프리더는 자신의 성숙과 성장 뿐만 아니라 타인의 삶에도 아름다운 영향력을 주며 조직과 사회, 이 세상을 아름답게 만들어 가는 데 공헌하며 행복을 나누는 셀프리더가 된다.

셀프리더의
소통 코칭 훈련

SELF LEADERSHIP COACHING PSYCHOLOGY

1.
소통의 시작 신뢰의 다리놓기

변화하는 환경에서 우리가 함께 공감하는 것은 사람과 사람사이의 소통의 중요성이다. 개인이든 조직이든 불통은 우리를 병들게 하고 개인이든 조직이든 문제를 깊이 들어가 보면 결국 소통의 부재에서 온다.

사람과 사람사이가 통하고 말이 통해야 일이 통하고 결국 소통을 통해 행복한 삶을 누리며 성장할 수 있다.
그러나 소통의 중요성은 알지만 소통은 단순하게 소통에 대한 지식을 이해하는 것 이상으로 훈련이 필요하다.

한 방향에서 일방적으로 메시지를 전달하는 것이 아니라 서로 생각과 감정이 오가는 막힘이 없는 소통하는 대화를 만들기 위해서는 훈련이 필요하며 우리가 알고 있는 모든 지식은 연습 되었을 때 우리 자신이 사용할 수 있는 소통의 기술이 된다.

소통의 장을 열어가는 코칭에서는 코칭 대화를 아름다운 '대화의 예술'이라고 표현한다.

왜냐하면 끊임없는 반복 훈련을 통해 보다 정교하고 아름다운 소통 대화기술을 만들어 가기 때문이다.

코칭 대화 안에는 인간에 대한 존중과 신뢰를 기반으로 하여 성장을 지지하는 경청과 질문, 격려와 인정, 응원과 칭찬, 동기부여와 같은 진정성 있는 코칭 기술과 무엇보다도 피코치에 대한 믿음을 기반으로 철저한 코칭 철학 안에서 대화를 이끌어 가기 때문이다.

이런 예술적인 대화의 과정에서 첫 번째 관문이 래포(rapport)를 형성하는 과정이다.

래포(rapport)는 프랑스어로 '다리를 놓다'라는 의미를 가지고 있다.

사람 사이에 형성되는 신뢰관계를 표현하는 심리학 용어이며 대화의 과정에서 래포가 형성되면 상대에 대한 신뢰, 믿음, 안전함, 진정성을 느끼며 상대에게 자신의 마음을 활짝 열고 대화를 할 수 있게 된다.

일반적인 대화에서도 신뢰가 없는 상태에서 전하는 메시지는 쿠션 없는 바닥에 컵을 던진 것과 같이 마음에 상처를 입히기도 하며 마음의 문을 닫게 하는 결과를 만들 수 있다.

래포는 상대의 마음에 형성되는 쿠션과도 같다. 충분한 신뢰의 쿠션이 마음을 덮고 있을 때 안정감을 느끼며 어떤 메시지가 마음으로 다가와도 신뢰라는 쿠션이 안정감 있게 마음의 상태를 조성시킬 수 있으며 마음의 문을 열게 하며 대화를 통한 관계를 지속시킨다.

이렇듯 대화의 과정에서 래포 즉 신뢰를 형성하는 과정은 중요하며 래포를 형성하는 기술들을 인식하고 대화에서 익숙하게 사용할 수 있도록 훈련해 보자.

래포 형성을 위한 코칭기술

① 공감 (Empathy)	상대가 현재 경험하는 생각과 감정을 함께 느끼며 그것을 언어와 비언어로 반응하는 것이다.
② 페이싱 (Facing)	상대방과 눈 맞추기 상대방의 목소리에 톤 맞추기 톤이 고음이면 고음, 저음이면 저음 말의 속도 맞추기(빠르게, 느리게) 상대의 호흡과 상태에 맞추기
③ 미러링 (Mirroring)	거울에 비친 모습처럼 똑같이 움직이는 것 (상대방과 행동 일치시키기 - 손동작, 표정, 자세 등)
④ 백트레킹 (Back Tracking)	상대방의 끝말 반복하기 (상대방이 사용한 단어에 일치시키기) 상대: 아침부터 좋은 일이 가득해요. 오늘 참 행복해요. 코치: 오늘 참 행복하시군요.

① 공감은 래포를 형성하는 대화의 과정에서 반드시 필요한 핵심적인 기술이다.

공감이란 타인의 생각, 감정, 느낌, 고통, 기쁨, 슬픔을 그 사람의 입장에서 함께 느끼며, 그 과정을 진정성 있는 언어와 비언어로 반응하는 것이다.

공감능력을 높이기 위해서는 타인에 대한 공감 훈련과 더불어 자신에 대한 공감 훈련이 기본이 되어야 한다.

자신의 사고와 감정을 인식하고 자신의 생각과 감정 밑에 있는 의도와 욕구를 읽어 주고 자신에게 스스로 반응해 주는 훈련이 필요하다.

이런 반복 훈련을 통해 공감 능력을 높이며, 이런 훈련의 과정 속에서 타인에 대한 공감의 능력은 더욱 높아질 수 있다.

② **페이싱**이란 상대와 눈 맞춤, 호흡, 목소리 톤 등을 맞추는 기술이다.

상대와의 눈 맞춤은 상대에게 자신의 진정성을 보이는 중요한 기술이며 상대의 호흡에 맞추어 자신의 속도를 조절하여 대화 속에 안정감 있는 여유 공간을 만들 수 있다.

슬퍼하고 있는 사람 앞에서 감정을 느끼고 나도 슬픔을 느끼는 것,

웃고 있는 사람 앞에서 나도 함께 웃음을 나누는 것,

목소리가 작은 사람 앞에서 적절하게 내 목소리를 조절하는 것,

이러한 것들이 관계 속에 나타나는 페이싱의 기술이다.

③ **미러링**이란 기술은 말 그대로 상대가 거울에 비친 자기 모습을 보는 듯 느끼도록 상대의 행동을 따라 움직이며 반영하는 것이다.

양손을 모으고 대화를 시작한 상대 앞에서 팔짱을 끼고 대화를 시도하고 있다면 팔짱 낀 양손을 슬그머니 내려 양손을 모으며 상대에게 반영하는 것,

미팅 시 다이어리에 메모하고 있는 상대 앞에서 두리번거리며 다른 곳에 시선을 두고 있다면 자신의 다이어리를 펴고 메모하는 모습으로 상대에게 반영하는 것,

이와 같이 마치 상대가 거울에 비친 자신의 모습을 보는 듯 느끼도록 반영하여 공감대를 형성하도록 돕는 기술이다.

④ **백트래킹**은 대화에서 상대방의 끝말을 적절하게 따라해 주면서 상대의 대화의 내용을 경청하고 있음을 확인시켜 주는 과정이다. 상대가 하는 끝말을 따라 진솔하게 읽어주며 반응해 줄 때 상대는 인정과 지지의 느낌을 경험할 수 있다.

이러한 기술들을 훈련해 나가는 과정에서 마음가짐 또한 중요하다.

자기중심적인 판단, 편견, 선입견 등 자신의 관점을 내려놓고 상대를 존중하는 태도 훈련이 함께 선행되어야 한다.

자신이 가지고 있는 경험이 판단과 편견, 선입견을 만들 수 있고, 자신이 의식하지 못하는 순간 자동적으로 작동될 때 래포를 형성하는 데 장애물이 될 수 있기 때문이다.

이와 같은 마음가짐과 래포를 형성하는 기술들이 자연스럽게 훈련될 때 신뢰를 기반으로 막힘이 없는 소통, 진정성 있는 소통의 장을 열어 갈 수 있을 것이다.

2.
마음을 사로잡는 경청의 기술

우리는 잘 듣는가?

진정으로 상대의 말을 경청한다는 것은 무엇일까?

어떻게 하면 잘 들을 수 있을까?

사람들은 어떤 상황에서 마음을 열게 될까? 우리의 경험들을 뒤돌아 보자.

내 마음을 들어줄 때 알아줄 때 이해 받고 있다고 느낄 때 존중 받고 있다고 느낄 때이다.

이런 원리를 기반하여 상대가 마음껏 말할 수 있는 환경을 만드는 경청은 코칭에서도 핵심 기술이다.

상대의 말과 생각 감정 의도 욕구를 경청했을 때 마음의 문이 열리고 그 경청의 내용을 기반으로 상대의 생각을 확장시키고, 상태를 자각시키고, 자원과 대안을 찾을 수 있는 적합한 질문들도 할 수 있다.

얼마만큼 상대를 경청 하느냐에 따라 대화의 방향과 대화의 결과는 달라진다.

◆ 먼저 효과적인 경청을 위해서 경청의 태도를 점검해 보자.

첫 번째, 자신의 생각을 비우고 들을 때 잘 들린다.

먼저 상대에 대한 판단, 편견, 선입견은 경청을 방해한다.

자신이 가진 경험을 기준으로 상대에 대한 고정관념을 가질 때 정보가 오염되어 투명하게 사실과 감정, 느낌을 경청하는 방해요소가 될 수 있다.

나는 어떻게 듣는가? 자신을 점검해 보자.

두 번째, 스스로 답을 줘야 한다는 책임감을 내려놓아야 한다.

대화하면서 가장 크게 오류를 범하는 부분은 스스로 답을 줘야 한다는 책임감을 갖는 것이다.

문제의 주체가 누구이며, 누구의 책임이며, 누가 그 답을 찾고 해결해 나가야 하는가에 대해 정확한 인식이 없으면 우리는 자신이 처해 있는 위치에서 답을 주려고 애쓰게 된다.

이런 대화의 과정에서 경청하기보다는 조언해 줄 말을 생각하느라 상대의 말을 듣지 못하고 자신이 하고 싶은 이야기를 하다가 대화가 끝이 나고 마는 경우가 될 수 있다.

경청의 핵심은 상대가 마음껏 말할 수 있는 환경을 만들어 주는 것이며 그 사람이 하는 말 속에서 사실과 감정 깊은 내면의 신념과 가치 욕구와 의도까지 듣는 훈련이다.

또한 이런 깊은 경청 속에서 적절한 질문, 효과적인 질문도 할 수 있으며 이러한 경청의 대화 속에서 스스로 자신의 생각을 정리하고 해결의 힘을 스스로 만들어 낸다.

세 번째, 경청의 능력은 재능이 아니고 끊임없는 반복훈련을 통해서 높아진다.

사람의 속성은 본질적으로 듣는 것보다는 말하는 것을 좋아한다.

우리의 대화는 결국 말하기와 듣기다. 대화 시간 내에 이루어지는 말하기와 듣기의 비중을 보면 자신의 대화 패턴을 알아차릴 수 있으며, 끊임없는 반복훈련을 통해 듣는 시간의 비율을 높여가며 깊이 있는 경청이 되도록 자신을 훈련해 나갈 수 있다.

경청은 재능이 아니라 훈련이다. 다른 생각이 올라올 때, 집중력이 약해질 때, 자신이 하고 싶은 말이 솟구칠 때, 대화에 끼어들고 싶어질 때 스스로를 조절하며 인내를 가지고 자신을 훈련하는 과정이다.

또한 상대에 대한 진지한 관심, 상대의 생각과 감정을 존중하는 태도를 훈련하는 과정이 경청의 능력을 높이게 한다.

코칭 대화에서는 말하기 20%, 듣기 80%의 비율이 이상적이라고 표현할 만큼 경청의 중요성은 강조된다.

경청의 방법은 단순하게 말을 듣는 것이 아니라 온 마음과 몸으로 상대의 마음과 몸짓 음성을 함께 듣는 것이다.

구체적으로 표정과 눈빛, 얼굴의 근육, 호흡, 자세, 손짓, 몸짓 등을 듣고 음성 속에서 떨림과 높낮이 등을 통해 상대의 전체적인 상태를 함께 듣는 것이다.

◆ 경청의 역량을 높이기 위해 경청의 기술훈련을 함께 해보자

현재 자신의 경청의 태도와 기술의 상태가 어떠한지 체크해 보자. 점수는 각 문항당 5점 만점 기준으로 자신의 상태를 점검하고 1점부터 5점 안에 적합한 점수를 부여한다.

셀프리더의 경청역량 진단하기

질문	점수
1. 상대가 말하는 동안 말의 내용에 집중한다.	
2. 상대가 하는 말의 내용을 알더라도 미리 판단하지 않고 끝까지 들으려고 노력한다.	
3. 상대가 말하는 동안 미리 대답할 말을 생각하지 않고 충실히 듣는다.	
4. 상대의 말에 고객을 끄덕이며 추임새 등으로 반응한다.	
5. 나와 다른 의견을 이야기해도 그 사람의 입장에서 다시 한번 생각해 본다.	
6. 말하는 사람의 생각, 의도, 감정을 이해하기 위해 자주 질문한다.	
7. 상대와 대화하는 중에 자신의 대화 자세나 말투, 감정, 상태 등 대화 태도를 스스로 의식한다.	
8. 대화 중에 나는 70~80% 듣는 편이다.	
9. 말의 내용 외에도 말하는 사람의 표정이나 목소리 등을 관찰하며 듣는다.	
10. 상대와 대화 중 칭찬이나 인정, 지지의 표현을 자주 하는 편이다.	

1번부터 10번 문항까지 자기 탐색과 성찰로 자신의 상태가 점검되었다면 각 항목별로 부족한 부분을 훈련해 나갈 수 있다.

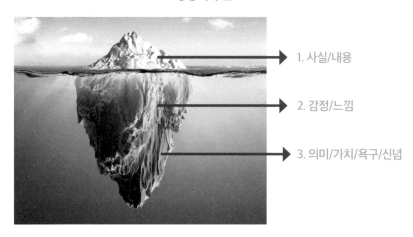

1. 사실/내용

2. 감정/느낌

3. 의미/가치/욕구/신념

경청의 1 수준 - 말의 사실 내용 듣기

경청의 2 수준 - 감정 느낌 듣기

경청의 3 수준 - 의미, 신념, 가치, 욕구 듣기

경청에도 듣는 수준이 있다. 말의 내용 사실만 듣는다면 1 수준의 경청을 하는 것이다. 감정과 느낌까지 듣는 것은 2 수준의 경청이며 내면의 깊은 의미와 가치 욕구 신념까지 듣는 수준은 3 수준의 경청이다.

경청은 말의 내용을 충실히 들으며 상대에 대한 진심 어린 관찰을 통해 상대의 표정, 눈빛, 목소리, 자세, 태도 등을 살피고 상대의 내면의 생각과 감정, 욕구, 의도, 신념, 가치, 기대까지 온 마음과 몸으로

---

22) 박창규 외 4명, 『코칭핵심역량』 학지사, 2019, p175.

듣는 훈련이다. 이렇게 경청의 역량을 높이도록 훈련해 보자.

경청 태도 훈련

귀로 듣는다.	음성과 말의 내용 사실을 듣는다.
눈으로 듣는다.	눈빛 표정 자세 등 상대의 신체 언어를 듣는다.
입으로 듣는다.	맞장구와 추임새로 반응하며 입으로 듣는다.
마음과 몸으로 듣는다.	상대의 입장이 되어 공감하며 적극적인 태도로 듣는다.

경청의 방법 훈련

경청 스킬	반응 훈련
눈 맞추기	상대방의 눈을 바라보기
맞장구치기	그렇군요!! 정말 잘하셨어요!!
추임새 넣기	와우! 멋지네요. 와우! 대단해요.
고개 끄덕이기	중간중간 고개 끄덕이기
끝말 따라 하기	친구를 만나서 행복하셨군요!!
핵심 메시지 요약하기	그러니까 속상하기도 했지만… 다시 노력하고 싶다는 말씀이신가요?

경청의 방법 훈련 체크리스트

경청 스킬	나는 잘 듣는가? / 자신의 태도 관찰하기
눈 맞추기	
맞장구치기	
추임새 넣기	
고객 끄덕이기	

끝말 따라 하기	
핵심 메시지 요약하기	

앞서 언급한 바와 같이 경청은 상대가 온몸으로 말하는 것을 자신이 온몸으로 듣는 기술이다.

우리의 오감을 이용하여 귀로 듣고, 눈으로 듣고, 입으로 맞장구를 치는 등의 신체적 행위로 반응하며 상황에 따라서는 후각의 기능까지도 상대를 듣는 경청의 기술이 될 수 있다.

눈 맞추고 맞장구를 치며 적당한 추임새와 고개를 끄덕이는 반응, 상대의 말을 적당하게 따라 읽는 기술과 중간중간 상대의 핵심적인 말을 요약하는 기술들을 삶에서부터 자연스럽게 훈련해 나갈 수 있다.

경청이란 재능이 아니고 훈련이다.

끊임없이 반복 훈련을 통해 경청의 능력을 높여 갈 수 있다.

경청하는 만큼 좋은 질문을 할 수 있으며, 경청하는 만큼 상대를 진정으로 공감할 수 있으며, 경청하는 만큼 상대의 마음의 문이 열리고, 마음을 사로잡는 소통의 장으로 나아가게 될 것이다.

3.
사고를 확장시키는 질문의 기술

창의적인 인재를 요구하는 4.0시대에 생각의 크기를 키우며 창의적 사고와 스스로 문제를 해결하는 능력을 키우는 데 있어서 질문은 탁월한 도구이다.

질문을 마중물에 표현한다. 한 바가지의 물을 넣어 우물에서 많은 물을 퍼 올리듯 질문이 우리의 사고 안에서 다양한 생각을 퍼 올리기 때문이다.

우리가 타인으로부터 질문을 받으면 에너지의 방향이 우리 내면을 향하게 되고 받은 질문에 답하기 위해 생각을 하게 된다.

질문은 사고와 관점을 확장 시키며 사람의 마음을 열게 하고 원하는 답을 얻는 기술이며 최상의 답을 이끌어 내는 기술이다.

잠재력을 개발하고 문제 해결을 돕는 코칭의 장면에서도 질문은 핵심적인 주요 기술이다.

상황에 적합한 질문은 상대를 자각시키며 문제를 바라보는 관점을 확장 시키고 보다 긍정적으로 문제를 해결할 자원과 대안을 스스로 발견하여 답을 찾아가도록 돕는다.

◆ 3가지의 질문 유형을 통해 질문 훈련을 해 보자.

기본적인 코칭의 질문 유형은 열린 질문, 긍정 질문, 미래 질문이 있다.

질문의 예시를 통해 질문을 받은 사람들의 사고를 이끄는 에너지의 방향과 그 질문에 따른 대답의 방향이 달라지는 것을 생각해 볼 수 있다.

아래의 박스에 질문에 스스로 대답해 보자 어떤 대답이 나오는가?

우리는 어떻게 질문하는가? 생각해 보자.

1. 열린 질문 vs 닫힌 질문

열린 질문	능력이나 가능성을 확장시켜주는 질문 관점을 확장시키고 생각을 확장시키는 질문 어떤 생각이든 자신을 자유롭게 표현할 수 있는 질문 어떻게 무엇이라는 단어가 포함되는 질문 ex) A 당신의 꿈은 무엇인가요? 예, 저는… 　　B 회사가 성장되기 위해서는 무엇을 해야 할까요? 음… 제 생각엔…
닫힌 질문	"예 또는 아니오"라는 대답이 나오도록 하는 질문 ex) A 당신의 꿈은 의사인가요? 아니요. 　　B 회사가 성장될 수 있도록 노력할 수 있나요? 예.

2. 긍정 질문 vs 부정 질문

긍정 질문	부정적 의도가 숨어 있지 않는 질문 받은 질문을 통해 자신의 긍정적 의도를 발견하고 긍정적인 방향으로 이끄는 질문 ex) A 어떻게 하면 회사 직원들이 화합할 수 있을까요? 　　B 해결하기 위한 방법으로 무엇이 있을까요?
부정 질문	부정적인 의도가 숨겨진 질문 받은 질문을 통해 부정적인 방향으로 의식하고 부정적인 답을 이끄는 질문 ex) A 도대체 직원들이 화합하지 못하는 이유가 무엇인가요? 　　B 해결되지 않는다고 생각하는 이유가 무엇인가요?

3. 미래 질문 vs 과거 질문

미래 질문	미래에 앞으로 이루어질 가능성에 대한 질문 가능성에 대한 생각을 확대시키는 질문 ex) A 앞으로 우리 팀원들은 무엇을 할 계획인가요? 　　B 어떻게 하면 3년 뒤에 비전을 이룰 수 있을까요?
과거 질문	질문 속에 과거의 문제, 원인, 추궁, 책임 등을 묻는 질문 가능성을 한정시킬 수 있음 ex) A 왜 그렇게 일을 처리하셨나요? 　　B 왜 문제를 일으켰다고 생각하나요?

① 열린 질문과 닫힌 질문의 대답, 긍정질문 부정질문에 따른 사고의 에너지의 방향, 관점의 전환 등에 대해 생각해 볼 수 있다.

② 박스안에 예시처럼 '어떻게'와 '무엇'이라는 단어만 적절하게 사용하여도 좋은 질문훈련의 시작이 될 수 있다.

③ 상황에 따라서 간결하게 '예' 또는 '아니오'라는 답을 요구하는 닫힌 질문도 필요하지만 많은 경우 상대의 생각을 긍정적으로 열게 하고 생각을 촉진시키도록 성장을 지원하는 질문은 열린 질문이다.

④ 긍정질문은 긍정적 대안을 생각하게 하지만 부정질문은 에너지의 방향을 부정적으로 이끌어 부정질문에 대한 합리화 변명 부정적 대답을 하게 된다.

⑤ 왜 라는 질문을 사용할 경우, 왜 라는 질문은 분명한 사명과 목적

을 물을 때, 이유와 가치를 물을 때 사용한다. 왜 라는 질문을 잘 못 사용하면 추궁하는 질문처럼 사용될 수 있기 때문에 질문의 의도를 먼저 점검하는 것이 필요하다.

⑥ 또한 미래에 대한 가능성을 여는 질문은 현재에서 미래의 모습을 볼 수 있도록 에너지의 방향을 이끌고 성공한 자신의 모습, 목표를 이룬 모습 등을 상상하고 경험함으로써 가능성에 대한 긍정적 에너지를 높이고 더 강한 동기를 유발시킬 수 있다.

질문 훈련을 통해서 더 깊고 확장된 사고의 공간을 만들어 갈 수 있으며 타인에 대한 관심과 상황에 적합한 질문 훈련을 통해 서로 오고 가는 소통의 대화, 성장을 촉진하는 대화를 만들어 갈 수 있다.

4.
소통코드 VAKD 대화 훈련

어떻게 하면 효과적이고 설득력 있는 커뮤니케이션의 장을 열어갈 수 있을까?

사람들은 각기 외부에서 들어오는 정보를 인식하고 지각하는 과정이 주관적이다.

똑같은 정보를 공유해도 각자 정보를 받아들이는 표상체계, 즉 내부에 이미 조직화된 감각기능의 작동에 따라 각기 다르게 인식하고 입력하며 대화할 때에도 내부에서 작동되는 자신만의 선호 표상체계를 사용하여 대화를 이끌어 간다.

각자 자신만이 선호하는 표상체계를 리처드 벤들러(Richard Ban der)와 존 그린더(John Grinder)에 의해 창시된 NLP[23]에서는 V(Visual) 시

---

23) 설기문, 『자기혁신을 위한 NLP파워』 학지사, 2003.

각형, A(Auditory) 청각형, K(Kinesthetic) 신체감각형, AD(Auditory Digital) 내부언어형으로 분류한다.

어떤 사람은 정보를 받아들일 때 먼저 정보와 연관된 시각적인 부분을 떠올리며, 어떤 사람은 청각적인 요소를 떠올리며, 또 어떤 사람들은 신체적으로 느끼는 감각을 먼저 떠올린다. 이렇듯 각 사람마다 우선적으로 사용하는 감각기능, 즉 자신만의 선호 표상체계를 가지고 있다.

대화를 이끌어 가는 과정에서 먼저 자신과 상대의 선호 표상체계를 인식하는 것은 자신을 이해하고 상대를 이해하는 데 촉진적인 역할을 하게 된다.

각 유형별 코드에 맞는 대화의 전략을 수립하면 래포를 형성하는 시간을 단축시키며 공감대가 형성되는 커뮤니케이션을 이끌어 갈 수 있을 것이다.

◆ VAKD 자기 분석 검사하기[24)]

아래 문항 들을 읽고 평상시 자신과 가장 비슷하다고 느끼는 곳에 먼저 ∨ 해 보자.

---

24) 심교준, 『NLP코칭기법』 도서출판 조은, 2013, 329-331p.

1. 내가 중요한 결정을 할 때 나에게 가장 영향을 미치는 것은?

K-직관적인 느낌

A-타인들이 하는 말

V-전체적인 일의 모습

D-면밀한 검토와 연구

2. 다른 사람과 다툴 때 민감하게 반응하는 부분은 다음과 같다.

A-상대방의 목소리 톤

V-눈에 보이는 표정, 모습

D-상대방의 말하는 논리와 내용

K-상대방에게 느껴지는 진실된 감정

3. 평소와 다른 심리 상태가 될 때 바뀌는 경향은?

V-옷 차림새(혹은 화장)

K-감정적인 표현

D-선택하고 표현하는 언어와 용어들

A-음성 톤, 목소리 상태

4. 내가 가장 즐겨하는 것은 무엇인가?

A-좋은 음악과 음질을 즐길 때

D-흥미 있는 주제와 관련, 논리적으로 생각하기

K-편안한 의자와 의복을 고를 때

V-색상조화를 다채롭게 하여 가구 등을 배치할 때

5. 내가 민감하게 반응하는 것은 무엇인가?

A-주변의 소음에 민감하다

D-새로운 상황이나 어떤 자료에 대한 의미 분석

K-주위의 냄새 또는 옷감의 촉감

V-보여지는 모양이나 실내 조명

6. 사람들이 나를 가장 잘 알려면 다음과 같이 하는 것이 좋다.

K-내가 느끼는 것을 함께 경험하기

V-나의 관점으로 함께 하면서 보기

A-나의 말과 표현을 어떻게 하는지 주의 깊게 들어 보기

D-내가 말하고자 하는 것에 의미 있게 관심 갖기

7. 내가 좋아하는 것은 다음과 같다.

A-다른 사람들이 말하는 것을 듣기

V-계획을 세울 때 전체적인 모습을 먼저 그려보기

D-자료나 정보가 있을 때 논리적으로 구상하고 정리하기

K-사람을 처음 만날 때 상대방의 느낌 중시하기

8.나로 말할 것 같으면 나는 이런 사람이다.

V-나의 눈으로 보고 확인할 때 까지는 잘 믿지 않는 경향이 있다.

A-상대방이 애절한 목소리로 부탁을 하면 거절하지 못한다.

K-느낌으로 옳다고 여겨지면 따지지 않고 믿고 받아들인다.

D-합리적이며 이치에 맞는 다면 무엇이든 받아들인다.

9. 나는 스트레스를 받으면 이런 상태가 된다.

A-좋아하는 음악을 듣는다.

D-사색을 하거나 책을 읽거나 원인을 생각한다.

K-누워서 편안하게 휴식을 한다.

V-좋은 경치가 있는 영화나 그림을 본다.

10. 나는 사람에 대한 잘 기억을 한다.

V-옷차림이나 얼굴 모습

A-음색, 목소리

K-사람에 대한 느낌

D-했던 말 또는 직업

기호	V	A	K	D
1				
2				
3				
4				
5				
6				
7				
8				
9				
10				
총점				
순위				

· 검사지 체크하기

① 각 문항별 나와 가장 비슷하다고 생각되는 내용에 체크한다.

② 1번부터 10번 까지 체크가 되었다면 V.A.K.D 세로 합계를 내고 맨 아래 순번에 가장 점수가 많은 순으로 순위에 적는다.

③ V-시각 A-청각 K-신체감각 D-내부언어, 점수가 높은 순번이 자신이 가장 많이 사용하는 소통코드 라고 생각할 수 있다.

④ 우리는 4가지의 표상체계 즉 소통의 코드를 다 사용하지만 그중 두드러지게 사용하는 자신만의 유형이 있음을 인식하고 점수가 낮은 유형은 의식하고 조절하며 높게 사용하도록 훈련 할 수 있다.

◆ VAKD 감각유형의 특징 이해하기

검사지를 통해 자신의 선호 표상체계가 점검되었다면 이제 각 유형의 특징과 소통 전략을 생각해보자.

· V(Visual) 시각형

시각형의 사람들의 특징은 시각적인 것에 관심을 갖는다.

그림, 패션, 사진, 실내장식, 액세서리 등에 관심이 많고 첫인상에서 보이는 이미지로 판단하는 경향성이 있다.

시각형들은 말보다 문서나 그림 등 시각적인 요소들을 통해서 잘 이해하며 대화 시 소리에는 민감성이 덜하기 때문에 전달사항이나, 들었던 말을 잘 기억하지 못하거나 오랜 시간 집중해서 듣는 것에 어려움이 있다.

시각형들이 자주 사용하는 술어들은 '보여주세요, 보인다, 상상한다, 바라본다, 앞이 보이지 않는다, 선명하다, 어울린다, 분명하다' 등 시각적인 언어채널을 사용한다.

• V(Visual) 시각형 & 커뮤니케이션 전략

청각적인 요소만으로 대화를 이끌어 갈 때 시각형은 집중하고 이해하는 데 어려움을 느낄 수 있다는 것을 인식하고 시각적인 그림이나 영상, 문서 등을 사용하는 것이 효과적이다.

시각형의 선호하는 욕구를 인식하여 복장이나 액세서리, 의상 등에 적절한 칭찬으로 마음을 읽어 주며, 깔끔한 인상이나 복장은 시각형에게 좋은 이미지를 줄 수 있고, 시각적으로 전망이 좋고 깔끔하며 정리정돈이 잘 된 장소가 대화를 이끌어 가는 데 도움이 된다.

• A(Auditory) 청각형

청각형은 혼잣말을 많이 한다.

청각형의 사람들의 특징은 소리에 민감하다.

들었던 것을 잘 기억하며 소음에도 민감하고 음악을 듣는 것을 좋아한다.

문서나 자료보다는 듣는 것을 좋아하며 통화도 즐기는 편이다.

목소리 톤, 목소리의 음성 등에 민감하게 반응한다.

소음에 민감하기 때문에 조용한곳에서 집중력을 높일 수 있다.

자주 사용하는 술어는 '소리가 난다, 들리는 듯하다, 소문을 들었다, 침묵한다, 조용하다, 시끄럽다, 귀를 의심한다' 등 청각적인 언어채널을 주로 사용한다.

• A(Auditory) 청각형 & 커뮤니케이션 전략

청각형들은 작은 소음에도 민감하다.

시끄럽고 떠들썩한 공간은 의사소통의 장애물 이 될 수 있다.

소음이 없고 조용하면서도 음악이 흐르는 분위기가 있는 공간을 선호하고 음색이나 목소리 톤에 민감하기 때문에, 통화를 하거나 대화 시에는 안정감 있는 적절한 목소리 톤이 도움이 된다.

외모보다는 목소리가 좋은 사람에게 매력을 느끼며 목소리를 잘 기억하는 편이다.

서류나 문서보다는 듣는 것을 좋아하기 때문에 이해를 돕는 과정에서 충분한 대화의 시간을 확보하고 대화를 통해 이해시키는 것이 효과적이다.

• K(Kinesthetic) 신체감각형

신체감각형은 감정과 신체적 접촉 등 느낌이 발달되어 있다.

느낌과 직관력이 뛰어나다.

사람과의 만남에서는 느낌을 가장 중요시하며 접촉, 스킨십 등에 민감하게 반응하기도 한다.

신체감각형의 사람들이 위로나 격려를 받을 때에는 글이나 말보다 더 효과적인 방법은 손을 잡아주거나 어깨를 토닥여 주거나 안아줄 때 신체적 접촉을 통해 안정감을 느낀다. 신체감각형의 사람들은 움직이며, 신체적 활동을 좋아하며, 체육이나 스포츠 등에도 재능을 보인다. 일을 할 때도 몸을 움직이는 일을 좋아한다.

자주 사용하는 술어는 '느낌, 따뜻한, 통찰이 왔다, 성찰, 예민하다, 감지하다, 거친, 감각적인, 차가운, 민감한' 등 직관과 촉감에 연결된 언어 채널을 주로 사용한다.

• K(Kinesthetic) 신체감각형 & 커뮤니케이션 전략

신체감각형들은 직관이나 느낌, 감정이 발달되어 있다.

사람에 대해 자신이 느끼는 느낌을 중요시한다.

천천히 말하는 과정을 진지하게 들어주며, 대화 중에 잠시 생각 속에 빠질 때는 기다려주며, 그 생각과 느낌을 존중해 주는 태도로 반응해 줄 때 편안함과 통한다는 느낌을 갖는다.

대화를 할 때는 좀 더 가까이 다가가서 대화할 때 친근감을 느끼는 경향이 있고 손을 잡거나 어깨동무를 하는 등 신체적 접촉을 좋아한다.

운동을 하거나 취미활동을 함께할 때보다 쉽게 친해질 수 있다.

• AD(Auditory Digital) 내부언어형

내부 언어형은 논리적이며, 언어 사용에 민감하고, 언어 구사하는 능력이 정확하다.

혼자 있는 시간을 즐기며, 더욱 집중력을 발휘하며, 업무적으로는 논리적이며, 이성적이고, 구체적으로 분석하기를 좋아하며, 책임감이 강하다.

인간관계를 해나가는 정서적 힘은 다소 둔감하며 약하다.

자주 사용하는 술어는 '학습한다, 인식한다, 의식한다, 결정하다, 고려하다, 질문하다' 등 의식적인 언어채널을 주로 사용한다.

• AD(Auditory Digital) 내부언어형 & 커뮤니케이션 전략

논리적이며 이성적이고 순서와 절차, 질서를 중요시 여기며 사용하는 언어에 민감하게 반응하므로 신중하게 대화 내용을 고려하고 대화를 이끌어 가는 것이 중요하다.

내부언어형은 매너가 있는 태도, 성실한 태도, 기승전결이 있는 대화, 정확한 언어 표현 등을 사용하는 것이 신뢰를 형성하고 효과적인 대화를 만들어 가는 데 도움이 된다.

각 유형의 특징과 커뮤니케이션 전략을 참고하여 더 계발하여 사용

할수록 다른 감각의 유형들의 기능들도 더 높아지고 더욱 효과적인 커뮤니케이션 능력을 키워 나갈 수 있다.

이렇게 감각 유형의 특징을 통해 선호하는 경향성을 스스로 인식하고 학습함으로써 자신의 선호 표상체계와 대화 방식을 이해하고 상대의 생각이나 표현에 좀 더 유연성 있게 반응할 수 있으며 각 감각 유형에 맞는 커뮤니케이션 전략을 통해 효과적인 커뮤니케이션을 훈련해 나갈 수 있다.

5.
인정과 발전적 피드백 기술

    인정은 상대의 가치를 높여 주는 기술이다. 또한 인정은 상대가 자신의 장점을 알고 있지만 인정하는 대화를 통해 상대가 스스로 그 가치를 더욱 인식하도록 돕는 기술이며 행동을 강화시키는 행동의 촉매제 역할을 한다. 인정의 기술을 다음과 같이 훈련해 보자.

> 회사에서 모범이 되는 김 대리는 항상 제일 먼저 출근하고 미리 청소를 하고 팀원들을 위해 커피를 준비한다. 조직의 팀원들은 쾌적한 공간에서 기분 좋게 하루를 시작할 수 있다.

사실적 행동	김 대리가 오늘 제일 먼저 도착해서 청소를 하고 커피와 다과를 준비해 주셨네요.
가치	조직원을 생각하고 배려하는 마음이 느껴집니다.
긍정적 영향	덕분에 우리는 항상 쾌적한 공간에서 기분 좋게 하루를 시작할 수 있습니다.

인정의 기술은 그 사람이 스스로 알고 있지만 그 행동을 다시금 인식시키는 과정이며, 사실적 행동과 그 행동 안에 담고 있는 긍정적 의도와 가치를 표현해서 읽어 주고, 그로 인한 선한 영향력을 표현해 주며, 행동을 강화시켜 주는 기술이다.

◆ 발전적 피드백 기술

상대의 성장과 발전을 위해 피드백을 사용할 때는 진실 되고 정중한 태도가 선행된다면 더욱 효과적인 발전적 피드백이 될 수 있다. 틀린 말이 없는데도 듣는 내내 불쾌하고 저항하는 마음이 올라오는 피드백을 누구나 한번은 받아 보았을 것이다.

피드백을 해 주는 사람의 태도에 따라 반감이 작용되어 역효과가 나기도 하고 혹은 성장의 촉진제가 되기도 한다. 한가지의 사례를 가지고 상대의 성장을 돕는 발전적 피드백 기술을 훈련해 보자.

김 대리는 미팅 중에 자신의 의견만 강력하게 주장하고 조직원의 말을 경청하지 않고 끊는 경향이 강하다.
수요일에도 박 주임이 자신의 의견을 말하자 또 끼어들어 화제를 바꾸고 자신의 이야기를 하면서 회의 분위기를 흐린다.

사실적 행동	김 대리가 회의 시간에 박 주임의 말을 끝까지 경청하지 않고 중간에 말을 끊는 것을 보았습니다.

부정적 영향	회의 분위기가 흐려지고 조직원들 간에 사기가 저하되고 갈등하는 분위기가 만들어 지고 있어요.
발전적 피드백	앞으로는 회의 시간에 대화를 할 때는 조직원의 의견도 존중해 주고 충분히 경청한 후에 김 대리의 의견을 말해 주었으면 해요.

◆ 발전적 피드백을 위한 준비 훈련

첫 번째 대화 전 부정적인 자신의 감정을 순환시키는 시간을 갖기
두 번째 이 대화를 통해서 전하고 싶은 것이 무엇인지, 얻고 싶은 것이 무엇인지, 달라지길 원하는 것이 무엇인지 생각한다.
세 번째 진정으로 상대의 성장을 위한 피드백인지 자신의 마음을 점검한다.

발전적 요청 피드백을 사용할 때는 사람에 초점이 맞춰지는 것이 아니라 사실적 행동과 이로 인한 부정적인 영향을 설명하고 변화되기를 원하는 바람의 행동을 정중하고 진솔하게 요청하는 것이 바람직하다.

◆ 내 마음을 호소하는 나전달법 훈련

I-Message는 비평이나 비난 없는 자신의 생각, 감정, 바람을 표현하

는 방법이다. Y-Message는 주체가 상대이기 때문에 말 그대로 비난
이나 비판의 부정적인 감정을 활성화시킬 수 있지만, I-Message는 나
자신이 주체가 되어 자신의 생각과 감정을 전하는 표현 방법이기 때
문에 방어적이기보다는 공감과 경청으로 변화된 행동을 이끌어 낼 수
있는 긍정적인 의사소통 기법이다.

I-Message 코칭 기법을 통해 자신의 생각과 감정, 바람을 표현하는
훈련을 하다 보면 가정과 조직에서도 긍정적이고 건강한 관계를 만들
어 갈 수 있다.

I-Message 코칭 훈련

1단계	사실과 상황 인식 및 표현
2단계	느끼는 감정 표현 또는 감정 읽어 주기
3단계	긍정적 의도 찾기, 바람 표현하기

사건		김 과장은 오늘도 기한 내에 결과 보고를 하지 못했다.
Y-Message		도대체 일을 하겠다는 거야? 말겠다는 거야? 제대로 기한을 맞추는 적이 없어….

I- Message	사실	김 과장님 오늘 까지 약속한 결과 보고가 올라오지 않았네요.
	감정	그래서 내 입장은 참 곤란하고 약속이행이 되지 않아 내 마음도 불편합니다. 또한 부서 전체의 신뢰와 성과를 만드는 일에 관련되어 있는데 어떤 결과가 나올지 걱정이 됩니다.
	바람	앞으로는 중간 중간에 진행사항을 구체적으로 보고해 주었으면 좋겠어요. 그리고 무엇을 다르게 하면 이 상황이 반복되지 않을까요? 우리가 함께 이야기를 나누면 좋겠는데 어떻게 생각해요?

I-Message 코칭 훈련 & 실천편

상황 사건	I-Message 훈련

상황과 사건 칸에는 최근 있었던 갈등의 사건을 작성해 보고, I-Message 기법으로 작성하고 작성된 문장을 가지고 소리 내어 직접 대화하듯이 반복해서 연습해 보자.

불통하고 갈등을 겪는 이유 중에 큰 요인을 차지하는 것이 의사소통 기술의 부족이다. 마음은 있지만 훈련되지 않아 미숙한 부분은 지속적인 반복 훈련을 통해 변화될 수 있다.

6.
사람을 세우는 격려의 기술

성과 위주의 치열한 경쟁 속에서 격려는 실패와 좌절을 경험한 이들이 다시 일어설 수 있도록 용기와 힘을 제공하고, 격려는 사람에게 희망을 주는 진정성 있는 사랑의 태도이며 기술이다.

격려는 행위에 초점을 두기보다는 사람 존재 자체를 향한 믿음에 기반한다.

그래서 실패했을 때도 주어지는 것이며 결과가 아닌 과정 속에서도 가능한 것이며, 존재 자체에 대한 존중에 초점을 두는 힘이 격려다.

치열한 경쟁 속에서 용기를 잃어가는 사람들은 반복되는 실패 경험을 통해 마치 서커스단에 아기 코끼리처럼 학습된 무력감에 빠져 있다.

어린 시절 묶여 있던 기억으로 어른 코끼리가 되어 충분히 밧줄을

끊을 수 있어도 그 자리를 맴돌 듯 수없이 많이 이들이 실패와 좌절의 주변을 맴돌고 있다.

이처럼 실패와 좌절 속에서 일어나지 못하고 반복되는 치열한 경쟁에 서야만 하는 이 사회에 모든 이들에게 격려는 우리가 반드시 훈련하고 함께 나누어야 할 태도이며 기술이다.

격려는 넘어진 이들이 다시 일어설 수 있도록 용기와 힘을 제공하고 격려는 사람에게 희망을 주는 행복을 회복하는 진정성 있는 사랑의 기술이다.

먼저 격려의 기술을 훈련하기 위해서 격려의 의미와 가치가 무엇인지 생각해 보고 칭찬과 격려를 적절하게 사용할 수 있도록 칭찬과 격려의 차이를 정리하고 생각해 보자.

◆ 칭찬과 격려의 차이

칭찬 & 격려

칭찬	격려
칭찬하는 사람의 기준에서 판단 결과에 대한 보상 잘했을 때 더 잘하라고, 성공했을 때 주어짐	행위자 존재 자체에 대한 신뢰와 믿음 과정 속에서 작은 부분이라도, 실패했을 때도 주어짐

행위에 초점 칭찬받을 행동을 강화함으로써 지속적이고 더 큰 칭찬을 기대하게 함	행위자에 초점 자신에 대한 믿음을 가지게 됨 자신을 수용하고 인정하며 용기를 얻게 됨

칭찬도 성장을 돕는 요소이며 적절하게 사용할 수 있지만 칭찬과 격려의 차이를 인식한다면 상황에 따라 더욱 효과적으로 격려의 기술을 훈련해 나갈 수 있을 것이다.

◆ 사람을 세우는 격려의 효과

격려 받는 환경에서 격려를 통해 성장하는 사람들에게 나타나는 긍정적인 특징들에 대해 생각해 보자.

첫 번째 자기존중감과 자기 효능감이 높아진다.
격려의 속성은 신뢰하는 마음, 존재로서의 인정, 매사 노력과 기여 등에 초점을 맞추고 있기 때문에 격려 받는 사람들은 결과에 대한 부담보다는 늘 가능성을 열어놓고 자신감 있게 용기와 도전정신을 발휘하게 된다.

두 번째 승승의 마인드가 고취된다.
지속적으로 격려 받는 사람들은 자신의 가치와 강점 노력을 인정받고 있기 때문에 타인과 비교하는 경쟁의식 보다는 자신의 능력과 자기 가치로 승부하려고 하고 타인으로부터 격려 받은 경험을 바탕으로 타인의 가치도 인정하며 타인을 격려하고 성장하려는 마인드를 갖게 된다.

세 번째 자율적인, 헌신과 책임감이 높아진다.

지속적으로 격려 받는 사람들은 어떠한 상황에서 어쩔 수 없이 책임감을 떠안는 것이 아니라 자신에게 주어진 모든 상황을 스스로 헤쳐 나갈 수 있고 문제를 해결 해 나갈 수 있다는 자기 신뢰를 바탕으로 자율적인 헌신과 건강한 책임감을 갖게 된다.

◆ 개인과 조직을 세우는 격려 사회 만들기

지금 이 시대를 사는 우리는 넘어지면 용기를 잃지 않고 다시 일어서도록 자신을 격려하는 셀프리더십 훈련이 필요하다.

셀프리더는 자신을 향한 격려의 힘으로 역경속에서도 자신의 삶을 포기하지 않으며, 자신에 대한 신뢰와 사랑을 기반으로 실수나 실패까지도 미래의 성공자원으로 만들며 긍정적인 마인드로 무장하며 삶의 태도를 훈련해 나간다.

또한 이러한 격려 훈련의 역량으로 타인의 좌절과 실패를 격려하며 타인의 성장과 행복을 격려하며 가정과 조직 사회에서 긍정적인 선한 영향력을 발휘한다.

 치열하게 경쟁하며 힘겨운 이 시대에서 서로가 서로의 성장을 응원
하며 격려하며 함께 승승의 원리로 무장한 셀프리더가 4.0시대를 아
름다운 격려 사회로 이끌어 갈 것이다.

참고 문헌

권석만, 『현대 심리치료와 상담이론』, 학지사, 2012.

김용민 외 2명, 『DRIVER 성격 & 업무유형검사』, MCI, 2015.

권석만, 『긍정 심리학(행복의 과학적 탐구)』, 학지사, 2008.

게리콜린스, 『코칭바이블』, IVP, 2011.

김광운 외 2명, 『격려리더십』, 이너북스, 2012.

박창규 외 1명, 『강 팀장을 변화시킨 열 번의 코칭』, 학지사, 2019.

도미향 외 3명, 『코칭학개론』, 신정, 2014.

다니엘골먼 외, 『감성의 리더십』, 청림출판, 2003.

라원기, 『누구나 한 번은 리더가 된다』, 두란노, 2015.

배은경, 『셀프리더십 코칭』, 가림출판사, 2016.

배병옥, 『셀프리딩』, 도서출판린, 2017.

서우경, 『행복코칭』, 자유로운 상상, 2009.

심교준, 『NLP코칭기법』, 도서출판 조은, 2017.

스티븐코비, 『성공하는 사람들의 7가지 습관』, 김영사, 2018.

메릭로젠버그, 대니얼 심버트, 『사람을 읽는 힘 DISC』, 베가북스, 2013.

설기문, 『자기혁신을 위한 NLP파워』, 학지사, 2003.

스티븐 팔머, 엘리슨 와이브로, 정석환 역, 『코칭심리학』, 코쿱북스, 2016.

손코비, 『성공하는 대학생들의 7가지 습관』, 한국리더십센터출판사, 2016.

새뮤얼 D. 리마, 『셀프리더십』, 생명의말씀사, 2003.

유중근, 『애착이론Basic』, MCI, 2018.

윤홍균, 『자존감수업』, 심플라이프, 2016.

윤정구, 『진성리더십』, 라온북스, 2015.

이동운, 『코칭의 정석』, Beautiful Human, 2014.

이기화, 『스트레스파워』, 라온북, 2014.

오창순, 신선인 외 2명, 『인간행동과 사회환경』, 학지사, 2009.

이희경, 『코칭심리 워크북』, 학지사, 2014.

정요섭, 『Christian Coaching Leadership』, 좋은땅, 2017.

존맥스웰, 『사람은 무엇으로 성장하는가』, 비지니스북스, 2012.

존맥스웰, 짐도넌, 『위대한 영향력』, 비지니스북스, 2010.

최인철, 『나를 바꾸는 심리학의 지혜』, 21세기북스, 2007.

박창규 외 4명, 『코칭 핵심 역량』, 학지사, 2019.

김영기, 『코칭 대화의 심화역량』, 북마크, 2014.

켄 블랜차드, 제시스토너, 『비전으로 가슴을 뛰게 하라』, 21세기북스, 2006.

클라우드 슈밥, 『클라우드 슈밥의 제4차 산업혁명』, 새로운 현재, 2016.

정윤진, 『코치 되시는 나의 성령님』, 좋은땅, 2019.

최인철, 『나를 바꾸는 심리학의 지혜』, 21세기북스, 2007.

허흔, 이영 외, 『업무 및 대인관계 스트레스의 이해』, 한국 교육컨설팅연구소, 2013.

한은혜, 「교회 셀 리더의 슈퍼리더십이 구성원의 셀 참여 지속의지와 신앙성숙도에 미치는 영향」, 석사학위논문, 인천대학교 대학원, 2020.

호리이케이, 『NLP 행복 코드로 세팅하라!』, 한언, 2004.

Michael St. Clair, 『대상관계이론과 자기 심리학』, 2014.

Valarie A. zeithaml · Mary Jo Bitner, 『서비스마케팅』, 석정, 2005.

4.0시대
셀프리더십
심리코칭

ⓒ 정윤진, 2020

개정판 1쇄 발행 2020년 9월 30일

지은이   정윤진
펴낸이   이기봉
편집   좋은땅 편집팀
펴낸곳   도서출판 좋은땅
주소   서울 마포구 성지길 25 보광빌딩 2층
전화   02)374-8616~7
팩스   02)374-8614
이메일   gworldbook@naver.com
홈페이지   www.g-world.co.kr

ISBN   979-11-6536-811-1 (03190)

이 도서의 국립중앙도서관 출판예정도서목록(CIP)은 서지정보유통지원시스템 홈페이지(http://seoji.nl.go.kr)와 국가자료공동목록시스템
(http://www.nl.go.kr/kolisnet)에서 이용하실 수 있습니다. (CIP제어번호 : CIP2020039826)